変化朝顔図鑑

アサガオとは思えない珍花奇葉の世界

仁田坂　英二　著

化学同人

ようこそ変化朝顔の世界へ

アサガオ（朝顔、学名 *Ipomoea nil* または *Pharbitis nil*）は、英語で「ジャパニーズ・モーニング・グローリー」とよばれるように、日本で発達した園芸植物です。しかし、日本原産の植物ではなく、もともとは中南米原産で、これが世界中に広まりました。日本へは一二〇〇年ほど前の奈良時代に中国から渡ってきた記録が残っています。そのときの姿は、三つに尖った葉と青く丸い花をつけるアサガオで、その後も長い間、数えるほどの変わりもの（変異）しか見つかっていませんでした。

やがて、江戸時代になると、いろいろな植物で、斑の入った葉や、変わった色や形の花などの変異が選ばれ、園芸ブームが起こりました。ほとんどの植物は樹木や宿根草なので、種子を結ばない変異でも簡単に保存することができました。しかし、アサガオは一年草で、種子で殖やすしかないため、種子を結ばない変異を再現するための高度な栽培技術が発達しました。一方、種子で殖やすことで、短い期間で世代数を多く重ねることができるため、多くの形や色の変異を合わせもつアサガオをつくることができました。世界的に見ても、原種の姿を想像できないまでに変化を遂げた園芸植物はアサガオだけです。それも、メンデルの遺伝法則はおろか、受粉のしくみすら知らない江戸時代の人がつくりあげたのです。それらのほとんどは、幾度かの絶種の危機を乗り越えて、現在まで保存されています。

アサガオの観賞用の品種を大きく分けると、いろいろな花の色や模様の大きな花が咲く「大輪朝顔（大輪咲き）」と、花や葉の形の変化を楽しむ「変化朝顔（変化咲き）」に分けることができます。

変化朝顔は、さらに、品種を維持する方法の違いによって、「正木（まさき）」と「出物（でもの）」に分けられます。「正木」は、比較的単純な形の変化を表す品種群で、種子を結ぶため普通のアサガオと同じように栽培できます。広い意味では大輪朝顔もこの仲間に入れることができます。一方、「出物」は、アサガオに見えないような形をしており、観賞価値の高いものが多く含まれますが、種子を結びません。そのため、「親木（おやき）」とよばれる採種用のきょうだい株から採った種子をまき、観賞用の株を分離させなければなりません。

最近では、変化朝顔を栽培する人も少しずつ増えてきており、明治から昭和初期に起こった第三次ブームに続く第四次ブームのさなかにあるともいえる状況です。

この本では変化朝顔に焦点を当て、第一部では変異（遺伝子）にもとづいて、花や葉の色や形について順を追って説明し、一定のルールに従って名前を付ける方法を解説しています。第二部では、アサガオに見えないような高度な「出物」の写真を集めており、第三部では、アサガオの歴史、遺伝のしくみ、栽培方法などを説明しています。

これらを通して、日本人が二〇〇年以上の長きに渡り、種子で継承してきた、生きた文化遺産ともいえる変化朝顔の種類と成り立ちについて、興味をもっていただけたらうれしく思います。

もくじ

第一部　入門編

さまざまに変化した朝顔

変化朝顔とはどんなアサガオなのでしょう。第一部では、普通のアサガオと見た目がどのように違うのか、また、どんな種類があるのかを紹介していきます。現在の遺伝学から見ても理にかなっている、独特の名前の付け方にも親しんでいただければと思います。

変化朝顔の名前の付け方

変化朝顔の多くは、種子を結ばない「**出物**（でもの）」という観賞用の株です。そのため、見た目は正常でも遺伝子にその「出物」の**変異**を隠しもった「**親木**（おやき）」の種子をまき、そのなかから生じる「出物」を見分けて選ぶ、というやり方で受け継いでいかなくてはなりません。詳しくは94ページで説明していますが、その方法ですと、同じ一つの株から採った種子から、いろいろな形のアサガオがメンデルの遺伝法則に従って2〜8種類分離するため、一つの品種名でそれらを扱うことが難しく、株ごとに名前を付ける必要があります。そのため、見た目どおりの色や形を記述する見立て名（ここでは「**花名**」とよぶ）を付ける方法が江戸時代の文政期から嘉永期の頃には確立し、現在でも使われています。名前を付けるルールがわかれば、写真を見なくてもそのアサガオがどのような変異をもち、どのような色・形をしているかわかります。明治以降の第三次アサガオブームにおいて、観賞するジャンルが絞られ、命名のルールも次第に洗練されました。ここでは、伝統的な命名法をふまえたうえで、最近の遺伝子解析の結果も反映させたルールで花名を付けていくことにします。

花名を付ける基本となるのは、並性（常性）ともよばれる、変異を何もたない**野生型**のアサガオです。これと比べて違うところを、葉の色・形と花の色・形について順に並べていきます。詳しくは次ページの表に示しました。表で「なし」とした部分は、対応する変異をもたない品種では省略できるものです。そのため、何も変異をもたない野生型のアサガオは、「青並葉青丸咲」となります。命名に際しては、写真を見なくてもどのようなアサガオなのか想像できる名前を付ける、そのアサガオがもつ変異が漏れなくわかるような名前にするという二点を心がけます。

名前を付ける際、複数の**葉形**や**花形**をもつ株では、名前が長くなったり、複合した葉や花の実際の形が想像できない場合があります。そこで、葉や花の形をあるものにたとえた、**形容葉形**、**形容花形**に変換することがよく行われます。たとえば、車咲牡丹系では、「抱縮緬立田葉→芝舟葉」、采咲牡丹系では、「打込笹柳葉→糸柳葉」、獅子咲牡丹系では、「抱獅子葉→掬水葉」などです。ただし、書き換えるのが難しい場合は、もっている変異を羅列するだけでも問題ありません。

（花名例）

青（あお） 斑入（ふいり） 縮緬（ちりめん） 立田（たつた） 葉（ば） 石化（せっか） 紫（むらさき） 覆輪（ふくりん） 筒白（つつじろ） 総（そう） 鳥甲（とりかぶと） 車（くるま） 咲（ざき） 牡丹（ぼたん）

9ページから、変化朝顔の変異にどんな種類があるか、花名順に写真で示していきます。写真下には、変異をもたらす遺伝子の「**変異名**」も付します。

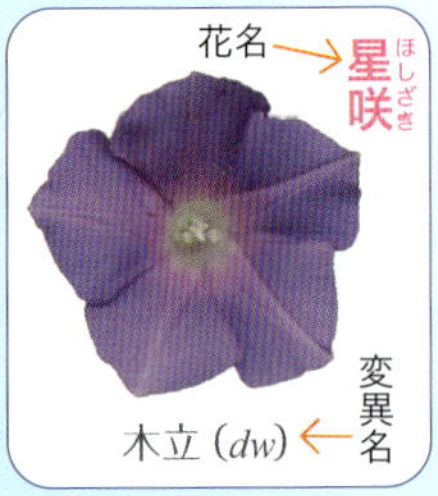

花名
星咲（ほしざき）
変異名
木立（*dw*）

葉

葉色	青／黄／松島／萌黄
葉模様	なし／斑入／水晶斑入
葉質*	なし／抱／打込／渦／弱渦／桔梗渦／[illegible]+／縮緬／林風／毛無（照）／肌脱
葉形*	並／蜻蛉／鍬形／乱菊／州浜／蝉（蜻蛉＋州浜）／丸／芋／孔雀／鼻／獅子／掬水（獅子＋打込）／爪龍（獅子＋打込＋管弁化1）／笹／南天／立田／芝舟（縮緬＋立田）／柳／糸柳（柳＋笹）／針（柳＋南天）
つるの性質*	なし／木立／石化／枝垂／姫／燕／吹詰

咲

濃淡・花色	濃淡：なし（標準）／濃／極淡／淡 花色：青／紅紫／紫／紅／鼠／黒鳩／紅鳩／葡萄鼠／茶／唐桑／浅葱／淡黄／白
花模様*	なし／覆輪／吹雪／車絞／吹掛絞／時雨絞／暈覆輪（雲輪）／刷毛目絞
花筒の色	なし（筒汚れ）／筒白（日輪抜）／筒白（陽光抜）／筒紅
均一性	なし／総
花弁の形*	なし／風鈴／管風鈴／管弁／髭／毛／鳥甲／芯喇叭／切+弁／撫子／細切／巻絹
均一性	なし／混（交）
咲き方	玉垂／瓔珞／流星／一文字／噴上／突羽根／噴水／菊／細切
花形	丸／浅切（爪切）／星／渦+川／縮／竜+胆／筒／剣／切／多曜／獅子／采（柳系）／台／車（台＋切）
花弁の重ね	なし（一重）／八重／牡丹／孔雀八重
花の大きさ	なし（普通輪）／極小輪／小輪／中輪／大輪（巨大輪）

◆＊印が付いた項目は複数選択することができる。
◆「なし」と書いている部分は該当する変異をもたないものは選択しなくてもよい。
◆咲き方は、花弁の数や角度など全体の様子を示す用語であるが、保有する変異によっておおよそ決まっており、区別が難しいものもあるため、本書では省略している。
◆＋印が付いた項目は、本書で新たに用いた用語である。

基本形（野生型）と部分の名称

変化朝顔の変異を観察したり名前を付けたりするうえでは、基準となる正常な色や形をもつ**野生型**のアサガオについてよく知っておく必要があります。ここに示したアサガオは、東京古型標準型（TKS、Q1065：九州大学の系統番号）とよばれる野生型のアサガオで、国立遺伝学研究所の竹中要氏が、東京に残っていた典型的な野生型のアサガオを選抜したものです。また、この本で変異を説明する際に出てくる用語を写真中に示しました。

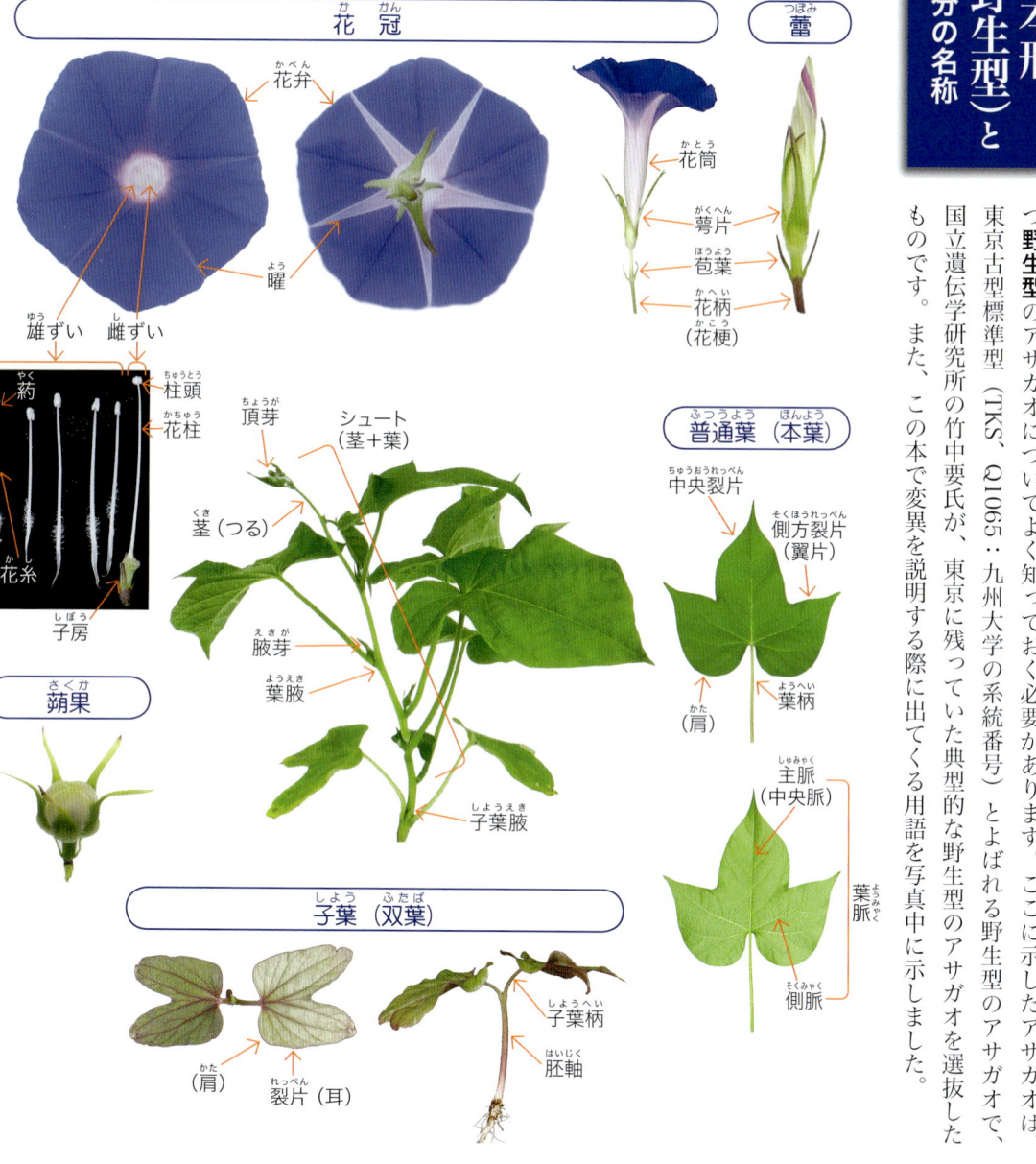

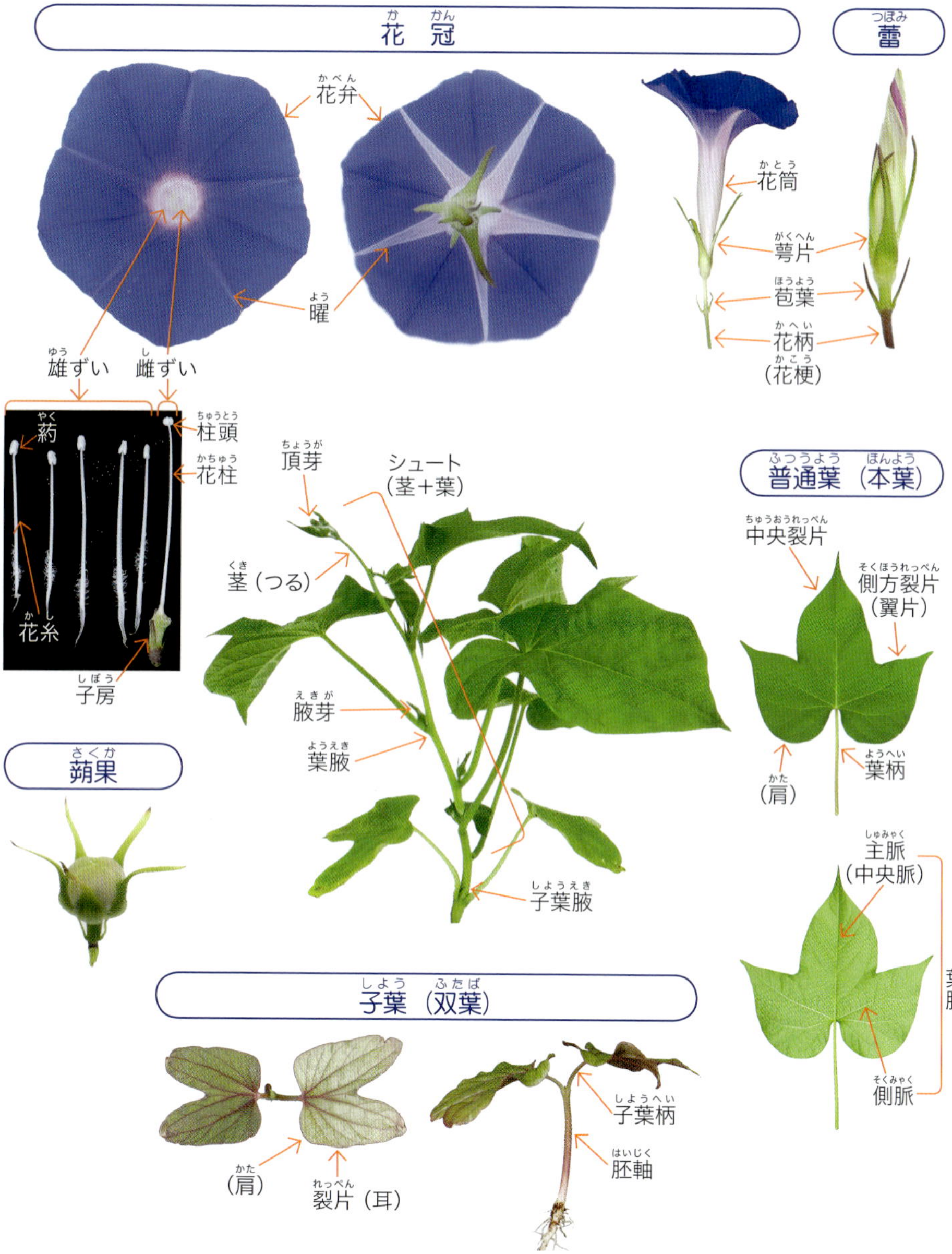

花冠
蕾
花弁
曜
雄ずい
雌ずい
花筒
萼片
苞葉
花柄
（花梗）
葯
柱頭
花柱
花糸
子房
蒴果
頂芽
シュート
（茎＋葉）
茎（つる）
腋芽
葉腋
子葉腋
普通葉（本葉）
中央裂片
側方裂片
（翼片）
（肩）
葉柄
主脈
（中央脈）
葉脈
側脈
子葉（双葉）
（肩）
裂片（耳）
子葉柄
胚軸

さまざまな変異①
葉の色と模様

「野生型」の葉は緑色で**青葉**とよばれます。これが黄緑色に変化した**黄葉**や、不安定で緑色に戻った斑が生じる**松島**、最近見つかったより明るい黄緑色の**萌黄**、白い斑が入る**斑入**などが知られています。同じ斑入でも、「柳」「帯化」などと一緒になると裏側まで白く抜けて**水晶斑**になります。これらの変異をもつと光合成の能力が劣るため、成長が遅れ株が小さくまとまる、花付きが早まるなどの利点があり、変化朝顔では広く利用されています。

葉の色

萌黄(もえぎ)

萌黄 (*vy*)

松島(まつしま)

松島 (*y-m*)

黄(き)

黄葉 (*y*)

青(あお)

野生型 (+)

葉の模様

松島斑入(まつしまふいり)**(三色斑)**

斑入・松島 (*v y-m*)

水晶斑入(すいしょうふいり)

斑入 (*v*)

斑入(ふいり)

斑入 (*v*)

葉質

さまざまな変異②

葉の形ではなく、厚みや表面の形状、葉柄などの部分構造に影響を与える変異です。**渦**や**桔梗渦**は、葉だけでなく花弁も厚みを増し、全体に矮性になります。**打込**は、葉の表面が凹凸になり、縁（へり）を表向きに巻き込む変異です。他の変異と一緒になるとその変化の程度を高めるため、多くの系統に導入されています。**林風**は、葉柄の付け根が広がり、葉もゆがみます。**縮緬**は花も特徴的で、車咲牡丹では中心となる重要な変異です。

なし

野生型（+）

皺（しかみ）

渦・桔梗渦（*ct s*）

縮緬（ちりめん）

縮緬（*cp*）

渦（うず）

渦（*ct*）

抱（かかえ）

打込（*cm*）

抱縮緬（かかえちりめん）

打込・縮緬（*cm cp*）

弱渦（じゃっか）

弱渦（*ct-w*）

打込（うちこみ）

打込（*cm*）

毛無（けなし）**（照）**（てり）

無毛（*g*）

桔梗渦（ききょううず）

桔梗渦（*s*）

林風（りんぷう）

林風（*B*）

肌脱（はだぬぎ）

肌脱（*bv*）

葉形

さまざまな変異③

野生型および花の大小に関する系統の葉

「木立」「姫」「燕」など、つるや全体の性質に影響を与える変異では、葉形も変化します。**蜻蛉葉**は中央裂片が伸び、花の曜も伸び大きな花を付けるため多くの品種に導入されています。現在の大輪朝顔はほとんどが、蜻蛉葉に加え、裂片が丸くなり花の曜の数が増える**州浜**が複合した**蝉葉**です。過去には、他のいろいろな変異をもつ系統も育成されました。

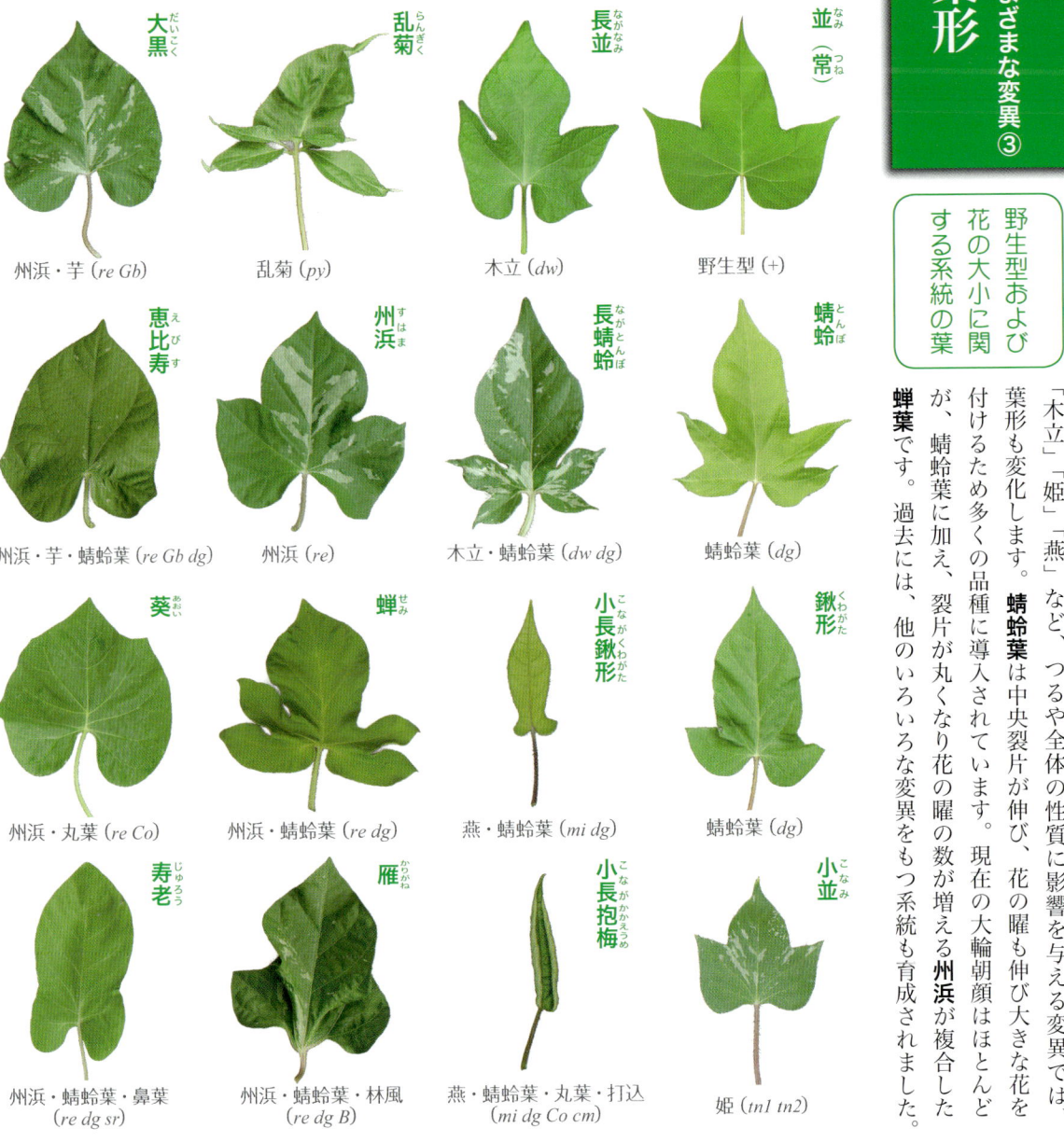

並（常）
野生型（+）

長並
木立（*dw*）

乱菊
乱菊（*py*）

大黒
州浜・芋（*re Gb*）

蜻蛉
蜻蛉葉（*dg*）

長蜻蛉
木立・蜻蛉葉（*dw dg*）

州浜
州浜（*re*）

恵比寿
州浜・芋・蜻蛉葉（*re Gb dg*）

鍬形
蜻蛉葉（*dg*）

小長鍬形
燕・蜻蛉葉（*mi dg*）

蝉
州浜・蜻蛉葉（*re dg*）

葵
州浜・丸葉（*re Co*）

小並
姫（*tn1 tn2*）

小長抱梅
燕・蜻蛉葉・丸葉・打込（*mi dg Co cm*）

雁
州浜・蜻蛉葉・林風（*re dg B*）

寿老
州浜・蜻蛉葉・鼻葉（*re dg sr*）

翼片のないもの

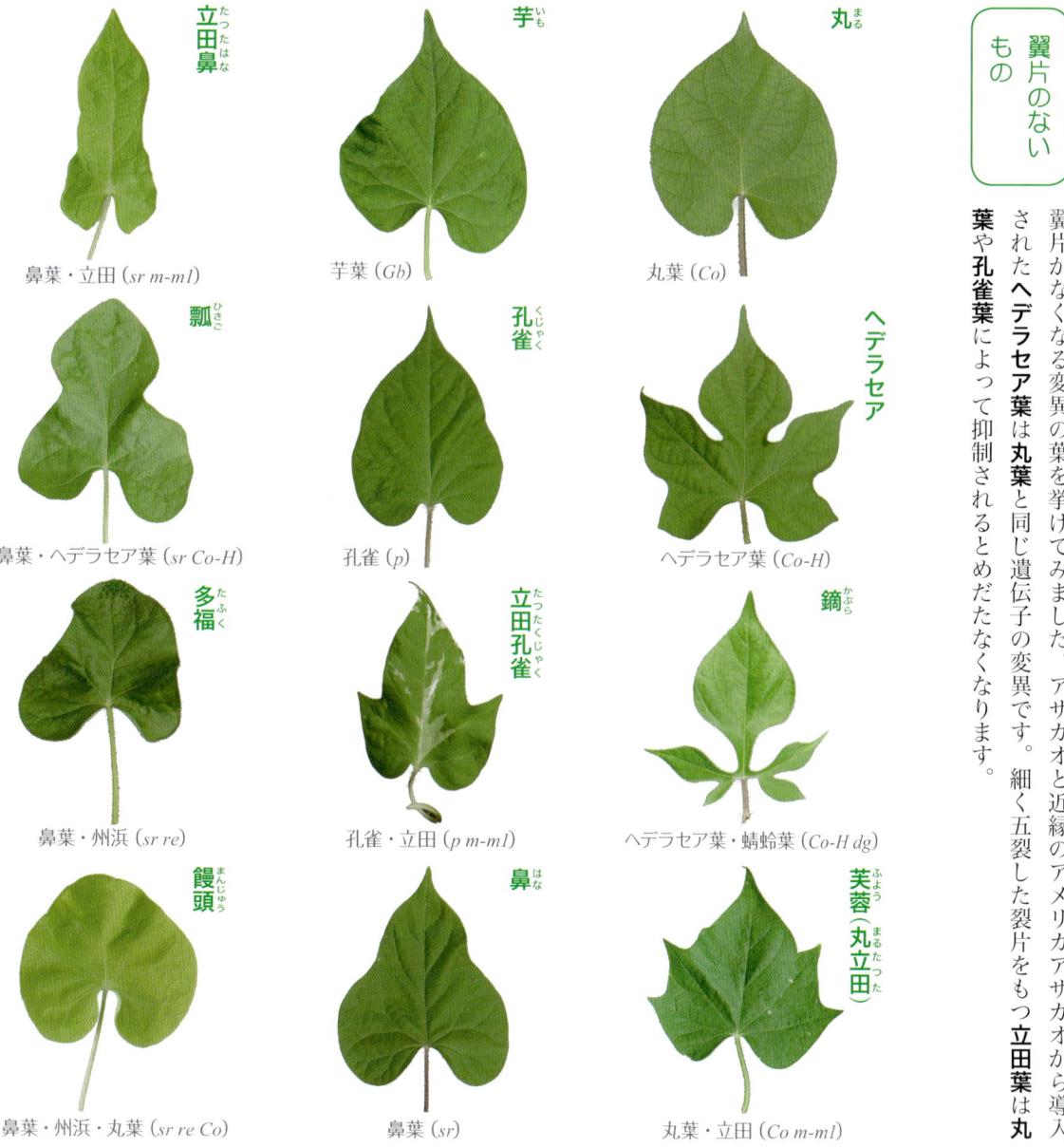

翼片がなくなる変異の葉を挙げてみました。アサガオと近縁のアメリカアサガオから導入された**ヘデラセア葉**は**丸葉**と同じ遺伝子の変異です。細く五裂した裂片をもつ**立田葉**は**丸葉**や**孔雀葉**によって抑制されるとめだたなくなります。

丸（まる）

丸葉（*Co*）

ヘデラセア

ヘデラセア葉（*Co-H*）

鏑（かぶら）

ヘデラセア葉・蜻蛉葉（*Co-H dg*）

芙蓉（ふよう）**（丸立田**（まるたつた）**）**

丸葉・立田（*Co m-ml*）

芋（いも）

芋葉（*Gb*）

孔雀（くじゃく）

孔雀（*p*）

立田孔雀（たつたくじゃく）

孔雀・立田（*p m-ml*）

鼻（はな）

鼻葉（*sr*）

立田鼻（たつたはな）

鼻葉・立田（*sr m-ml*）

瓢（ひさご）

鼻葉・ヘデラセア葉（*sr Co-H*）

多福（たふく）

鼻葉・州浜（*sr re*）

饅頭（まんじゅう）

鼻葉・州浜・丸葉（*sr re Co*）

獅子 笹 南天

獅子は獅子咲系統の基本変異ですが、獅子変異だけでは中央裂片がやや小さい程度の、野生型に近い葉です。**打込**とや**管弁化**と組み合わせると著しく変化し、水を掬う掌の形や龍の爪にたとえて**掬水葉**、**握葉**、**爪龍葉**などとよばれます。**南天**と**笹**は似ていますが、それぞれ表側と裏側の器官をつくる遺伝子の変異で、葉や花弁の反る方向が逆になっています。

獅子（しし）
獅子 (*fe*)

抱並（かかえなみ）
獅子ヘテロ接合 (*fe/+*)

笹（ささ）
笹 (*dl*)

南天（なんてん）
南天 (*ac*)

掬水爪龍（きくすいつめりゅう）
獅子・打込1 (*fe cm1*)

握爪龍（にぎりつめりゅう）
獅子・打込1・管弁化1 (*fe cm1 tp1*)

立田握爪龍（たつたにぎりつめりゅう）
獅子・打込1・管弁化1・立田 (*fe cm1 tp1 m-m1*)

飛龍（ひりゅう）
獅子・打込1・管弁化2 (*fe cm1 tp2*)

笹雨龍（ささあまりょう）

渦蜻蛉蛇腹獅子（うずとんぼじゃばらしし）
獅子・打込1・管弁化1・笹 (*fe cm1 tp1 dl*)
獅子・打込1・渦・蜻蛉葉 (*fe cm1 ct dg*)

林風飛龍（りんぷうひりゅう）
獅子・打込1・管弁化2・林風 (*fe cm1 tp2 B*)

縮緬雨龍（ちりめんあまりょう）
獅子・打込1・管弁化1・縮緬 (*fe cm1 tp1 cp*)

抱笹（かかえささ）
笹・打込 (*dl cm*)

縮緬南天（ちりめんなんてん）
南天・縮緬 (*ac cp*)

蜻蛉笹（とんぼささ）
笹・蜻蛉葉 (*dl dg*)

蝙蝠南天（こうもりなんてん）
南天・丸葉 (*ac Co*)

芋蜻蛉笹（いもとんぼささ）
笹・蜻蛉葉・芋葉 (*dl dg Gb*)

南天笹（なんてんささ）
南天・笹 (*ac dl*)

立田と柳

柳は采咲系統の中心となる変異で、柳の葉に似ていますが翼片が出ることもあります。**立田**や**細柳**とともに、葉や花弁の幅を決める同じ遺伝子の変異です（97ページ参照）。裏や表を決める遺伝子の変異である**笹**や**南天**と組み合わせると、非常に細い葉になります。

立田
立田 (m-m1)
立田
立田2 (m-m2)
蜻蛉立田
立田・蜻蛉 (m-m1 dg)
林風立田
立田・林風 (m-m1 B)
立田笹
立田・笹 (m-m1 dl)
蓑
立田・笹・林風 (m-m1 dl B)
抱縮緬立田（芝舟）
立田・縮緬・打込 (m-m1 cp cm)
雨龍
立田・縮緬・笹 (m-m1 cp dl)
柳
柳 (m-w)
鶏足柳
柳 (m-w)
抱鶏足柳
柳・打込 (m-w cm)
乱菊柳
柳・乱菊 (m-w py)
細柳
細柳2 (m-n2)
海松
柳・笹 (m-w dl)
針先南天
立田・南天 (m-m1 ac)
細柳
細柳1 (m-n1)
糸柳
柳・笹・打込 (m-w dl cm)
針
柳・南天 (m-w ac)

さまざまな変異④
つるの性質

枝垂はつるが上へ伸びず重力方向に垂れ、巻きつく性質も失います。**木立**は節間が短くなりつるが伸びず、葉が長くなり花も浅く切れ込みます。**帯化**(たいか)はつるがリボン状に平たくなり、園芸上は**石化**、幅の狭いものは**平軸**とよばれます。**姫**はつるが細く硬くなり小型の葉や花をつけます。**燕**は小型で姫と混同されますが不稔です。木立と同様に葉が長くなり花も切れ込み、蕾がまとまってつきます。**吹詰**は、つるがしばしば棍棒状に太くなり、花の器官数も増加します。「牡丹」と合わさると花弁が著しく増える吹詰牡丹になります。

(並)
野生型 (+)

木立(こだち)
木立 (*dw*)

吹詰(ふきつめ)
吹詰 (*cv*)

枝垂(しだれ)
枝垂 (*we*)

平軸(ひらじく)
帯化 (*f1 f2 f3*)

姫(ひめ)
姫 (*tn1 tn2*)

枝垂(しだれ)
枝垂第2 (*we2*)

石化(せっか)
帯化 (*f1 f2 f3*)

燕(つばめ)
燕 (*mi*)

花の色

さまざまな変異⑤

基本的な花色と濃淡

アサガオの基本的な花色は、野生型の**青**に、**暗紅**、**紫**、および暗紅と紫の二重変異である**紅**を加えた四色です。これに色の濃淡に関する変異が加わります。淡色にする変異にも、やや薄くする変異「淡色1」と、著しく淡くする変異「淡色2」が知られています。最近になって、「淡色2」の原因となる*EFP*という遺伝子が同定されました。

濃紅（こいべに）

暗紅・紫・濃色性（*mg pr i*）

濃紫（こいむらさき）

紫・濃色性（*pr i*）

濃紅紫（こいべにむらさき）

暗紅・濃色性（*mg i*）

紺（こん）

濃色性（*i*）

紅（べに）

暗紅・紫（*mg pr*）

紫（むらさき）

紫・濃色性（*pr i*）

紅紫（べにむらさき）

暗紅（*mg*）

青（あお）

野生型（+）

桃（もも）

暗紅・紫・淡色1（*mg pr lt1*）

藤（ふじ）

紫（*pr*）

淡紅（あわべに）

暗紅・淡色1（*mg lt1*）

水色（みずいろ）

淡色1（*lt1*）

淡桃（あわもも）

暗紅・紫・淡色2（*mg pr efp*）

淡藤（あわふじ）

紫・淡色2（*pr efp*）

極淡紅（ごくあわべに）

暗紅・淡色2（*mg efp*）

極淡青（ごくあわあお）

淡色2（*efp*）

にごった色と白

基本的な色に加え、にごった暗い色にする「柿」「偽柿」「すすけ」の変異が知られています。これらが基本変異に加わることで、**鼠**、**茶**などが生じ、色の組み合わせが増えます。**白花**についても五種類の変異が知られており、種子まで白い**ca白**、つるが着色する**c1白**、花筒が着色することがある**r1白**は、見た目で区別することができます。

淡黄（あわき） 淡黄 (*sp-2*)
藤鼠（ふじねずみ） すすけ (*di*)
濃茶（こいちゃ） 柿・暗紅・濃色性 (*dy mg i*)
葡萄鼠（ぶどうねずみ） 柿・濃色性 (*dy i*)

白（しろ） a 3白 (*a3*)
桜鼠（さくらねずみ） すすけ・暗紅 (紫)〔*di mg* (*pr*)〕
茶（ちゃ） 柿・暗紅 (紫)〔*dy mg* (*pr*)〕
黒鳩（くろばと） 柿・濃色性 (*dy i*)

白（しろ） r 1白 (*r1*)
白（しろ） c a白 (*ca*)
淡茶（あわちゃ） 柿・暗紅・淡色2 (*dy mg efp*)
鼠（ねずみ） 柿 (*dy*)

白（しろ） r 3白 (*r3*)
白（しろ） c 1白 (*c1*)
薄茶（うすちゃ） 偽柿・暗紅(紫)〔*dk mg*(*pr*)〕
灰（はい） 偽柿 (*dk*)

花の模様

さまざまな変異⑥

アサガオではさまざまな花の模様が知られていますが、一般的な**吹雪**、**覆輪**、**車絞**および**時雨絞**はすべて同じＤＦＲ遺伝子（*a3*）の変異です。また、トランスポゾン（動く遺伝子）によって生じる模様はランダムに生じ、安定していません。細かな絞模様（まだら）が均等に入る**刷毛目**模様のアサガオも多く知られていますが、遺伝子が不明のものもあります。市販アサガオでよく見られる**曜白**は、近縁種のマルバアサガオから導入されたものです。

淡紅地紅絞

易変性淡色２（*efp-1*）

時雨絞（雀斑）

雀斑（*a3-f*）

深覆輪

覆輪（*a3-Mr*）

吹雪

吹雪（*a3-Bz*）

吹掛絞

吹掛絞（*sp*）

時雨絞（染分）

雀斑（*a3-f*）

覆輪

覆輪（*a3-Mr*）

縞

吹雪（*a3-Bz*）

吹掛絞

吹掛絞（*sp*）

紫地青絞

易変性紫（*pr-m*）

爪覆輪

覆輪・覆輪還元（*a3-Mr Mr-r*）

車絞

車絞（*a3-Ry*）

吹掛絞

吹掛絞（*sp*）

紅地紅紫絞

暗紅・易変性紫（*mg pr-m*）

染分

易変性ｒ３白（*r3-m*）

車絞

車絞（*a3-Ry*）

花筒の色

さまざまな変異⑦

筒色が着色する野生型は、筒汚れとよばれ省略することも多いですが、**筒白**は、花弁の色とコントラストをつくり美しいため、評価が高くなります。また、**筒紅**のもつ白花変異は必ず**r1白**です。

筒白（日輪抜）

筒白2（*tw2*）

筒白（陽光抜）

筒白（*tw*）

底白

底白（*hw*）

筒紅

筒紅（*tr*）

鮮紅色

金属光沢（*mt*）

条斑

（不明）

刷毛目絞

易変性偽柿（*dk-m*）

抜紋

（不明）

暈覆輪（雪輪・雲輪）

暈・覆輪（*r3-fd a3-Mr*）

刷毛目絞

易変性偽柿（*dk-m*）

曜白

覆輪（*a3-Mr/ I. purpurea*）

暈覆輪（雪輪・雲輪）

暈・覆輪（*r3-fd a3-Mr*）

刷毛目

暈（*r3-fd*）

曜白

覆輪（*a3-Mr/ I. purpurea*）

暈覆輪（逆覆輪）

暈・覆輪（*r3-fd a3-Mr*）

刷毛目

易変性偽柿（*dk-m*）

さまざまな変異⑧
花弁の形

花弁の形は変異の種類でおおよそ決まり、伝統的な名称があります。**風鈴**は、紐（花弁の細い管状の部分）が細いため花弁が垂れ、開口部（花弁が折り返した部分）が細くなります。**管弁**ではさらに細くなります。**鳥甲**は、紐が太いため垂れず、開口部は広くなります。風鈴や鳥甲などは高レベルとされ、特に同種の花弁がそろったものが良く、「総風鈴」と花弁名の前に記します。逆に別の種類の花弁が交じる場合は、「風鈴髭交(混)」と花弁名の後に記します。

撫子
管弁（笹獅子）
鳥甲
袴
紐
開口部
細撫子
切弁
風鈴
切弁
細切
鳥甲
管風鈴
髭
巻絹
芯喇叭
管弁
鐙風鈴

花形

さまざまな変異⑨

丸咲
多曜咲
星咲

ここには、曜の数が増える変異（**多曜咲**）、花弁の厚みを増すもの、浅く切れ込んだ星形になる変異（**星咲**、**桔梗咲**、**浅切咲**）を挙げています。「渦」の花は**丸咲**に見えますが、花弁が厚く花筒が広がり**渦川咲**ともよばれました。「吹詰」はつるだけでなく、花の分裂組織も巨大化するため、曜が増え、特に「牡丹」と組み合わせると顕著です（25ページ参照）。

丸咲（まるざき）

野生型（+）

丸咲（まるざき）（渦川咲（うずかわざき））

渦（*ct*）

星咲（ほしざき）

木立（*dw*）

多曜咲（たようざき）

州浜（*re*）

爪切咲（つまきれざき）

弱渦（*ct-w*）

浅切咲（あさきれざき）

燕（*mi*）

多曜咲（たようざき）

吹詰（*cv*）

桔梗咲（ききょうざき）

桔梗渦（*s*）

縮咲（ちぢみざき）

縮咲（*wr*）

乱菊咲（らんぎくざき）（多曜咲（たようざき））

乱菊（*py*）

爪切咲（つまきれざき）

渦・桔梗渦（*ct s*）

縮多曜咲（ちぢみたようざき）

縮咲・州浜（*wr re*）

萼咲
切咲
筒咲

捻梅咲は、曜が部分的に萼に変化し、捻れて咲きます。最近見つかった「無弁花」変異の**萼咲**は、捻梅咲と同じ遺伝子が変異したもの（複対立遺伝子）で、雄ずいが雌ずいに転換しているため、種子を結びません。「笹」と「南天」はいずれも開口部があまり開かない筒状の花（**筒咲**）を付けますが、葉と同じく花弁の反る方向が裏表逆になっています。「笹」は「立田」と同様に**切咲**ともよばれますが、ここでは**竜胆咲**とよんでいます。「南天」はしばしば花弁が裂け、先端が尖ります。このような花は**剣咲**とよばれます。

萼咲牡丹（がくざきぼたん）
無弁花・牡丹（*cd-ps dp*）

萼咲（がくざき）
無弁花（*cd-ps*）

捻梅咲（ねじうめざき）
捻梅（*cd*）

筒咲（つつざき）
南天（*ac*）

竜胆咲（りんどうざき）
笹（*dl*）

剣咲（けんざき）
南天・弱渦（*ac ct-w*）

切咲（きれざき）
笹・蜻蛉葉（*dl dg*）

切咲牡丹（きれざきぼたん）
笹・弱渦・牡丹（*dl ct-w dp*）

切咲牡丹（きれざきぼたん）
笹・蜻蛉葉・牡丹（*dl dg dp*）

切咲
採咲

石畳咲は曜の間が五つに深く切れ込んで折り畳みます。「立田」「柳」「細柳」は同じ遺伝子の変異です。葉と同様に、強い変異ほど幅が狭くなり（**采咲**）、花弁の鋸歯が消失します。「柳」「立田」は、「南天」や「笹」との二重変異になるとより細い花弁になります（**細切采咲**）。

石畳咲

石畳（*cs*）

撫子采咲

柳（*m-w*）

細切采咲

細柳（*m-n*）

細切采咲

柳・南天（*m-w ac*）

多曜石畳咲

石畳・州浜（*cs re*）

撫子采咲牡丹

柳・弱渦・牡丹（*m-w ct-w dp*）

細切采咲牡丹

細柳・牡丹（*m-n dp*）

細切采咲

柳・笹（*m-w dl*）

切咲

立田（*m-m1*）

采咲牡丹

柳・弱渦・牡丹（*m-w ct-w dp*）

采咲

立田・笹（*m-m1 dl*）

細切采咲

柳・笹・打込（*m-w dl cm*）

浅切咲

立田2（*m-m2*）

乱菊采咲

柳・乱菊（*m-w py*）

剣采咲牡丹

立田・南天・牡丹
（*m-m1 ac dp*）

細切采咲牡丹

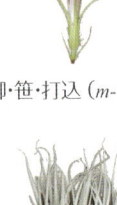

柳・笹・弱渦・打込・牡丹
（*m-w dl ct-w cm dp*）

車咲
獅子咲

葉質に影響を与える「縮緬」の花は、花筒が折り返し、茶台咲（略して**台咲**）および、**車咲牡丹**の基本変異です。これに「立田」が加わると花弁が切れ、風車に似た**車咲**になります。「獅子」の基本的な花は、花弁が不規則に切れ、しばしば花筒に袴という付属弁が付きます。これに「管弁化」が加わると**風鈴**や**管弁**など、花芸とよばれる観賞価値の高い花になります。

台咲

縮緬（*cp*）

台咲牡丹

縮緬・牡丹（*cp dp*）

車咲

縮緬・立田（*cp m-m1*）

車咲牡丹

縮緬・立田・牡丹（*cp m-m1 dp*）

乱獅子咲

獅子（*fe*）

乱獅子咲

袴

獅子（*fe*）

切弁獅子咲

獅子（*fe*）

切弁獅子咲牡丹

獅子・牡丹（*fe dp*）

風鈴混獅子咲牡丹

獅子・牡丹（*fe dp*）

風鈴獅子咲

獅子・管弁化1（*fe tp1*）

風鈴獅子咲牡丹

獅子・管弁化1・牡丹（*fe tp1 dp*）

管弁獅子咲

獅子・管弁化2（*fe tp2*）

管弁獅子咲牡丹

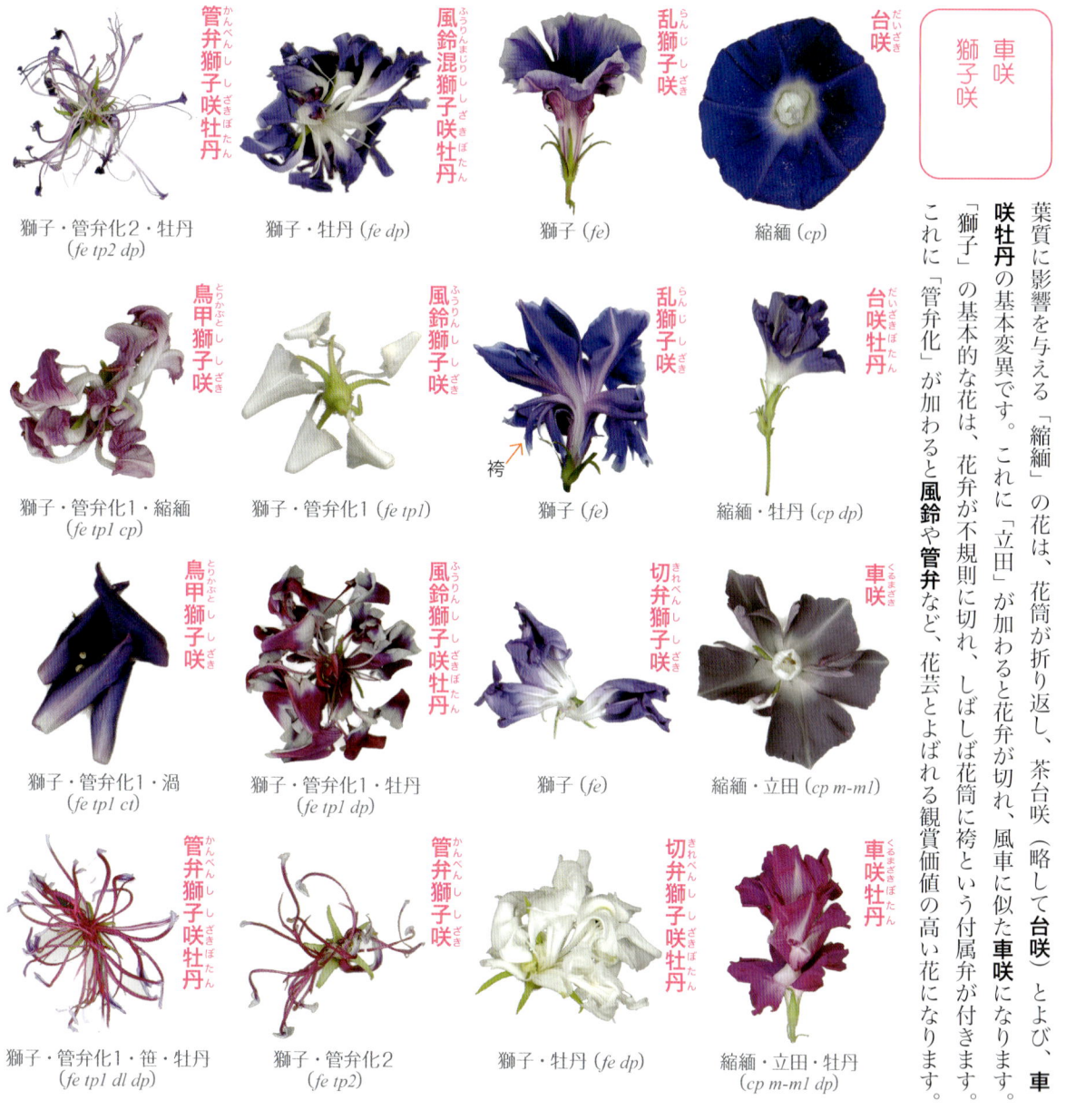

獅子・管弁化2・牡丹（*fe tp2 dp*）

鳥甲獅子咲

獅子・管弁化1・縮緬（*fe tp1 cp*）

鳥甲獅子咲

獅子・管弁化1・渦（*fe tp1 ct*）

管弁獅子咲牡丹

獅子・管弁化1・笹・牡丹（*fe tp1 dl dp*）

さまざまな変異⑩ 花弁の重ね

アサガオには、三種類の八重咲きが知られており、葯が花弁化する**八重咲**、花糸が花弁化し葉形にも特徴がある**孔雀八重**、雄ずい・雌ずいが完全に花弁化する**牡丹**があります。花弁を増やし豪華にする目的で、多くの変化朝顔には「牡丹」が導入されています。これが「吹詰」を合わせもつと、著しく花弁が増えた**吹詰牡丹**になります。

一重（ひとえ）

野生型（+）

八重（やえ）

八重（*dp-pt*）

牡丹（ぼたん）

牡丹（*dp*）

（吹詰）牡丹（ふきつめぼたん）

牡丹・吹詰（*dp cv*）

孔雀八重（くじゃくやえ）

孔雀（*p*）

さまざまな変異⑪ 花の大きさ

野生型の花の直径は5〜7 cm程度で**普通輪**とよばれます。これより小さいものを**小輪**、特に3 cm以下を**極小輪**とよびます。普通輪より大きなものは**中輪**、特に10 cmを超えるものは**大輪**、**巨大輪**とよばれています。左上のオレンジ線（5 cm）と比べてみてください。

5 cm

極小輪（ごくしょうりん）

姫・桔梗渦（*tn1 tn2 s*）

小輪（しょうりん）

笹（*dl*）

桔梗渦（*s*）

（普通輪）（ふつうりん）

野生型（+）

中輪（ちゅうりん）

乱菊（*py*）

州浜（*re*）

蜻蛉葉（*dg*）

大輪（たいりん）

州浜・蜻蛉葉（*re dg*）

変異の一覧と本書で用いるアイコン

ここまで、花名を付ける順序に即して、アサガオのさまざまな変異を紹介してきました。花名は、葉、つる、花それぞれに付けますが、実は、同じ一つの遺伝子の変異によって、葉にもつるにも花にも変化が生じる場合があります。たとえば、「木立」という変異では、葉、つる、花が変化します。もちろん、一つの変異が一つの変化しかもたらさない場合もあります。そこで、主な遺伝子の変異別に、どんな変化が生じるかを表に整理しました。

また、第二部では複数の変異を組み合わせた高度な変化朝顔を紹介していきますが、それがどんな変異によってつくられているかがわかるように、アサガオがもつ「形」に関する変異のアイコンを用意しました。黒いアイコンは種子を結ぶ変異（**稔性あり**）、赤いアイコンは種子を結ばない「**出物**」の変異（**不稔**）を示します。つまり、赤いアイコンの変異は種子採り用の「**親木**」で維持しなければなりません。この「親木」の種子をまくと、メンデルの法則に従って4分の1の確率で「出物」が現れます。ですから、4分の1を赤色アイコンの数の回数だけ掛けた数字が、その「出物」の**出現率**になります。こうしたことも楽しみながら、第二部をご覧ください。

長並

木立

星咲

木立（*dw*）

変異名（遺伝子記号）	アイコン	葉の性質 葉色	葉模様	葉質	葉形	つるの性質	花の性質 花弁の形	花形	花弁の重ね	花の大きさ
変異なし【野生型】（+）		青			並葉			丸咲		
黄葉（*y*）		黄								
松島（*y-m*）		松島								
萌黄（*yy*）		萌黄								
斑入（*v*）			斑入							
斑入（*v*）			水晶斑入							
渦（*ct*）	①			渦				渦川咲（丸咲）		
弱渦（*ct-w*）	②			弱渦				爪切咲（浅切咲）		
桔梗渦（*s*）	③			桔梗渦				桔梗咲		
打込（*cm*）	④			打込（抱）						
林風（*B*）	⑤			林風						
縮緬（*cp*）	⑥			縮緬				台咲		

第二部で用いるアイコン

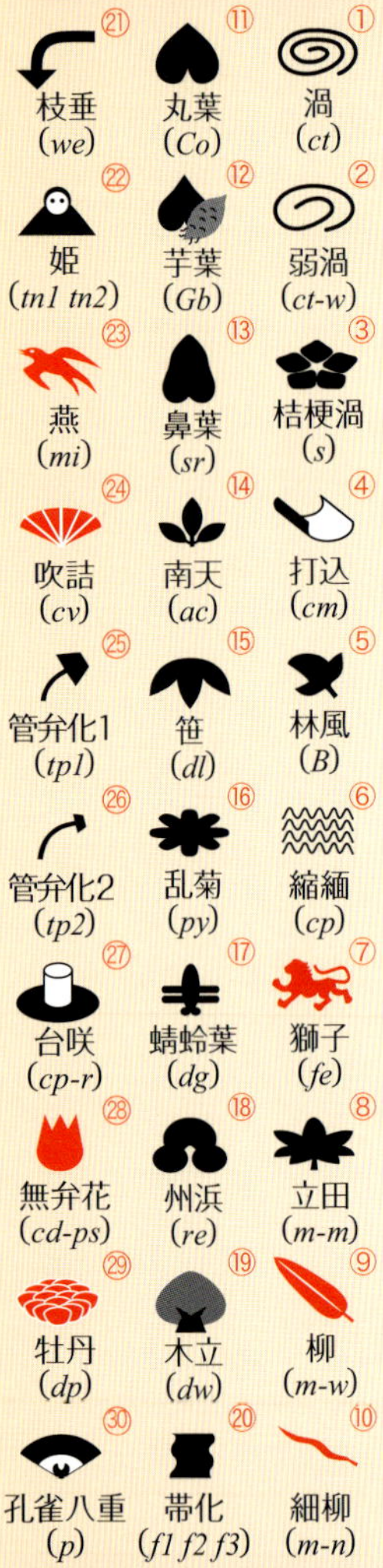
① 渦（ct）
② 弱渦（ct-w）
③ 桔梗渦（s）
④ 打込（cm）
⑤ 林風（B）
⑥ 縮緬（cp）
⑦ 獅子（fe）
⑧ 立田（m-m）
⑨ 柳（m-w）
⑩ 細柳（m-n）
⑪ 丸葉（Co）
⑫ 芋葉（Gb）
⑬ 鼻葉（sr）
⑭ 南天（ac）
⑮ 笹（dl）
⑯ 乱菊（py）
⑰ 蜻蛉葉（dg）
⑱ 州浜（re）
⑲ 木立（dw）
⑳ 帯化（f1 f2 f3）
㉑ 枝垂（we）
㉒ 姫（tn1 tn2）
㉓ 燕（mi）
㉔ 吹詰（cv）
㉕ 管弁化1（tp1）
㉖ 管弁化2（tp2）
㉗ 台咲（cp-r）
㉘ 無弁花（cd-ps）
㉙ 牡丹（dp）
㉚ 孔雀八重（p）

肌脱（bv）				肌脱						中輪
無毛（g）				照						
獅子（fe）	⑦				獅子葉			獅子咲		
立田（m-m）	⑧				立田葉			切咲		
柳（m-w）	⑨				柳葉		撫子	采咲		
細柳（m-n）	⑩				細柳葉		細切	采咲		
丸葉（Co）	⑪				丸葉					
ヘデラセア葉（Co-H）					ヘデラセア葉					
芋葉（Gb）	⑫				芋葉					中輪
鼻葉（sr）	⑬				鼻葉					
南天（ac）	⑭				南天葉			筒咲（剣咲）		
笹（dl）	⑮				笹葉			竜胆咲（切咲）		
乱菊（py）	⑯				乱菊葉			乱菊咲（多曜咲）		中輪
蜻蛉葉（dg）	⑰				蜻蛉葉					中輪
州浜（re）	⑱				州浜葉			多曜咲		中輪
木立（dw）	⑲				（長）	木立		星咲		
帯化（f1 f2 f3）	⑳					石化				
枝垂（we）	㉑					枝垂				
姫（tn1 tn2）	㉒				（小）	姫				極小輪
燕（mi）	㉓				（小長）	燕		浅切咲		小輪
吹詰（cv）	㉔					吹詰		多曜咲		
管弁化1（tp1）	㉕			（抱）			風鈴			
管弁化2（tp2）	㉖			（強抱）			管弁			
台咲（cp-r）	㉗							台咲		
石畳（cs）								石畳咲		
縮咲（wr）								縮咲		
捻梅（cd）								捻梅咲		
無弁花（cd-ps）	㉘							萼咲		
八重咲（dp-pt）									八重	
牡丹（dp）	㉙								牡丹	
孔雀八重（p）	㉚				孔雀葉				孔雀八重	

コラム 子葉の形

アサガオの変異の多くでは**子葉**にも形の変化が現れます。左に、基本的な単一変異の子葉を示しました。第二部で見るように、これらが複合すると、より変わった形の子葉となります。変化朝顔栽培では、子葉をよく観察し、子葉の形から変異を見分けることが基本となります。それによって、「出物」を**鑑別**したり、他の系統の花粉で交雑した株を区別したりできるようになります。

野生型 (+)

形に関する変異をもたない標準的な形の子葉。

獅子 (*fe*)

裂片の先がやや尖り、わずかに抱える。

立田 (*m-m*)

やや細い裂片が平行になり、葉脈がめだつ。

笹 (*dl*)

幅広の股を開いた子葉。弱く抱えていることが多い。

渦 (*ct*)

厚みを増し丸みを帯びた裂片が股を開き、胚軸も短い。

打込獅子 (*fe cm*)

強く抱えており、胚軸もゆがむことがある。

柳 (*m-w*)

裂片が細く、ブーメラン型もしくは平行になる。

乱菊 (*py*)

切れ込みのない丸い裂片がしばしば３枚以上になる。

弱渦 (*ct-w*)

野生型と渦の中間型となり子葉にやや厚みがある。

姫 (*tn1 tn2*)

形は野生型に近いが、小型になる。

細柳 (*m-n*)

切れ込みが浅く先の尖ったごく小型の子葉。

州浜 (*re*)

全体に丸みを帯びた裂片になる。

桔梗渦 (*s*)

渦によく似た厚みのある裂片が股を開き、胚軸は短い。

燕 (*mi*)

切れ込みが浅く丸みのあるごく小型の子葉。

南天 (*ac*)

子葉柄の付け根が広がり、肩がめだつ。

林風 (*B*)

子葉柄の付け根が広がる。

第二部 写真集編

珠玉の変化朝顔たち

江戸時代はジャンルを絞らずいろいろなアサガオを観賞していたようですが、明治以降は観賞価値の高い、獅子咲（獅子の部）、獅子咲牡丹（花の部）、車咲牡丹（月の部）、采咲牡丹（雪の部）に集中してきました。第二部では、獅子と獅子咲を一つにまとめた三ジャンルに、それらに入らないその他も合わせた計四ジャンルに分け、高度に変化したアサガオを紹介します。花名および形に関する変異のアイコンも示しましたので、7、27ページを参考に見てください。

『朝顔三十六花撰』（嘉永7：1854年）より

獅子咲牡丹　ししざきぼたん

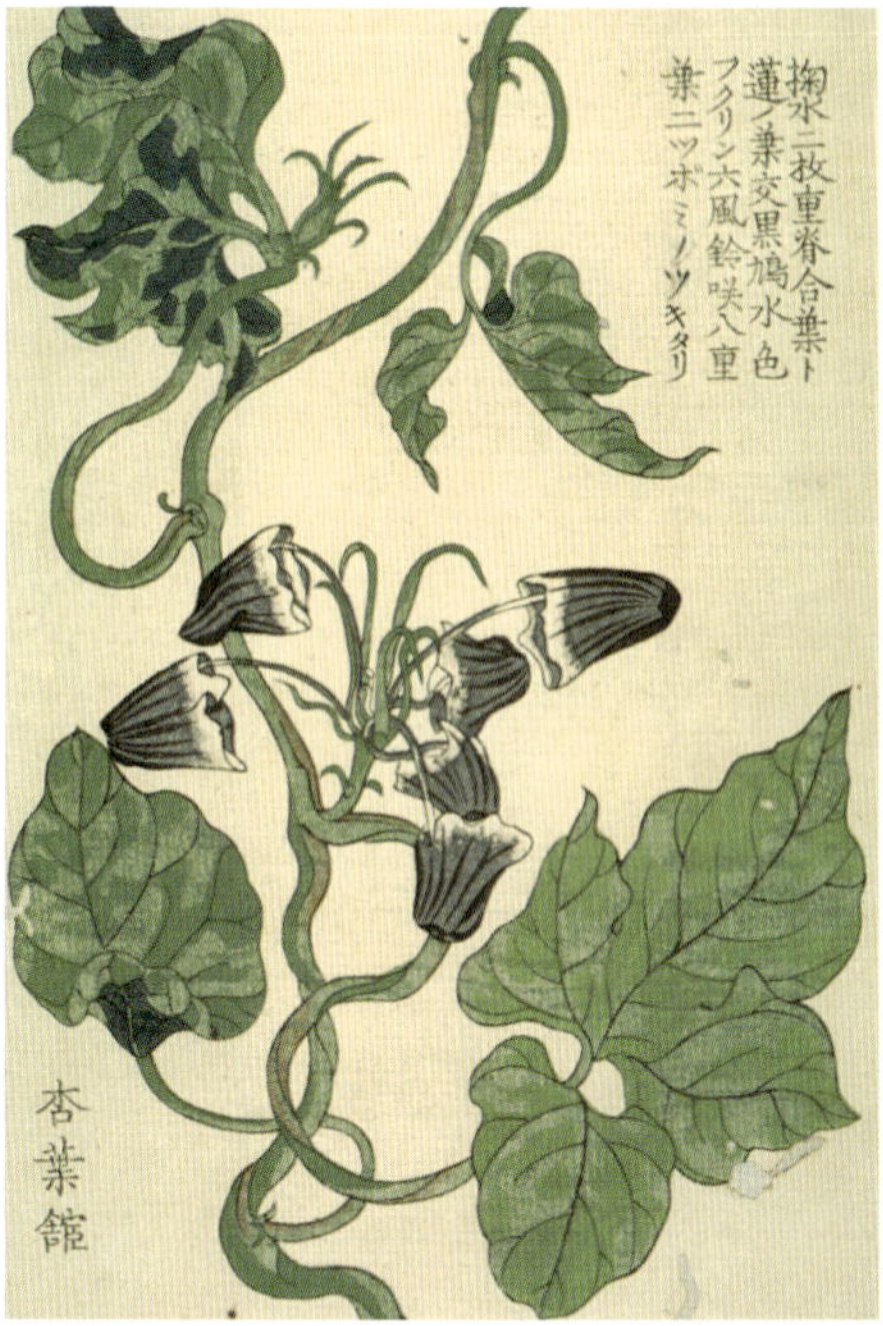
拗二枚重春合葉ト
蓮ノ葉交黒鳩水色
フクリン六風鈴咲八重
葉ニツボミノツキタリ
杏葉館

『朝顔三十六花撰』（嘉永７：1854年）に収録された獅子咲。嘉永安政期のアサガオブームの牽引役を果たした杏葉館（鍋島直孝）の作品。黒鳩色の風鈴獅子で、葉柄に蕾があるのが珍しく、花名に注釈が付いている。

獅子咲牡丹は、「獅子（fe）」が基本変異で、これに「牡丹」が加わることで花弁の数を増やしたものです。「獅子」だけの変異は、13、24ページで見たようにわずかに野生型と異なって見える葉や、袴とよばれる付属弁がしばしば付く乱れた花を付けるシンプルなもので、わずかに種子を結びます。これに「打込1」や「管弁化1・2」が加わることで、強く抱え込んだ龍の爪のような葉になります。花弁も**風鈴**（ふうりん）や**管弁**（かんべん）とよばれる筒状で先端が折り返した形に変化し、不稔になります。「獅子」は器官の裏側をつくる遺伝子がなくなっており、これを強める「打込1」などの変異によって葉や花の両面が表側の構造になるため、奇異な姿を見せます。なお、ここでは、**獅子咲**は獅子咲牡丹に含めて解説しています。

獅子は出物として維持されており、親木から採種します。獅子を隠しもつヘテロ接合の親木は葉の抱えで区別がつくため、維持が最も易しい出物系統です。ただし、獅子咲牡丹は、先に述べたように獅子を補う複数の変異によって成立しているため、交配育種によって観賞価値の高い品種をつくるのは最も難しいジャンルだといえます。

「黄蜻蛉掬水爪龍葉青吹雪風鈴混獅子咲牡丹」：獅子咲牡丹の株の全体像。獅子はつるもうねっており、素直に巻きつかないことが多い。

青抱獅子葉青切弁筒白獅子咲牡丹

花弁を管弁にする変異をもっていない比較的単純な獅子。この本では、獅子や車咲のこのように単純に切れた花弁を切弁とよぶことにする。葉の抱えも弱い。

青握爪龍葉紅紫覆輪総風鈴獅子咲牡丹

細い管状の花弁（紐）の先端が急に広がり折り返した、典型的な風鈴獅子。本来裏側になる花弁が見えているが、表側の表面構造に変化しているため、色も鮮やかに見える。

青握爪龍葉青筒白総風鈴獅子咲牡丹

比較的整った風鈴をもつ獅子系統。紐とよばれる風鈴をつなぐ部分が、白くめだつ筒白となっていて美しい。この系統では獅子の抜けた親木は丸葉になるので鑑別しやすい。

黄掬水爪龍葉薄茶地紅刷毛目絞風鈴獅子咲牡丹

刷毛目絞とよばれる珍しい模様をもつ風鈴獅子系統。この模様は不安定で、すべての株が絞るわけではない。出物の出現率も合わせ、このような花が咲くのは稀である。

黄斑入握爪龍葉藤鼠風鈴獅子咲牡丹

葉の裏側が見えているが、表側に変化しているため、本来裏側ではめだたない葉の斑入がめだつ。獅子系統に必要な打込1は斑入と連鎖しているため、斑入葉の獅子系統は珍しい。花色はすすけ変異によって、にごった鈍い色をしている。

黄掬水爪龍葉紅吹掛絞風鈴交獅子咲牡丹

珍しい吹掛絞模様の風鈴獅子。胚軸にも細かなスポットが入る。吹掛絞の模様を安定させるために数世代要するため、育成が難しい。

青林風飛龍葉白総管弁獅子咲牡丹

林風をもつため、葉がより強く変化して成長も遅くなり、他の獅子系統と比べて花付きが遅い。花色は、つるが着色するc1白である。

黄飛龍葉紅覆輪総管弁獅子咲牡丹

管弁獅子は、風鈴花とは異なる修飾変異である管弁化2をもち、風鈴獅子より整った花が咲きやすい。

黄林風飛龍葉青筒白総管弁獅子咲牡丹

筒白のため紐の部分が白くめだち、美しい。管弁獅子は、子葉や葉の表現も風鈴獅子より強調され、抱えが強くなる。

青渦蜻蛉蛇腹獅子葉紫総鳥甲獅子咲

渦が入った獅子系統で、葉の打込がめだつ。花弁も、紐がしっかりした鳥甲になり揃いやすい。牡丹の入った株もある。

黄立田握爪龍葉紅管風鈴獅子咲牡丹

立田によって、花弁が細い管風鈴になり、葉も五裂している。立田ホモ・獅子ヘテロ親木は稔性が低いため、立田・獅子・牡丹をヘテロ接合でもつ抱並葉親木から採種し、出現率は64分の1である。

黄笹雨龍葉紅覆輪総管弁獅子咲牡丹

風鈴獅子系統に笹が入り、葉や花の変化の程度が高い。笹をもたない管弁獅子と違い、管弁の先が折り返さない。笹ホモ・獅子ヘテロ親木は稔性が低いため、笹と獅子をヘテロでもつ抱並葉親木から採種し、出現率は64分の1である。

黄笹糸雨龍葉紅覆輪総管弁獅子咲牡丹

管弁獅子系統に笹が入ったもので、裏側の組織がほぼ消失しており、多数の成長点（つるが伸び出す部分）が密集するなどの異常を示す。葉も細くなり、成長は非常に遅い。

車咲牡丹　くるまざきぼたん

竜田葉紅柿
絞風鈴組上
車牡丹度咲
葉柳園

『朝顔三十六花撰』（嘉永 7：1854 年）に収録された車咲牡丹。葉が普通の立田葉なので、並葉台咲 (*cp-r*) と立田が複合した車咲である。

車咲牡丹は、江戸時代末期の第二次ブームの図譜にも多く見られ、基本変異は、花筒が折り返して中央から飛び出す**台咲**となる「縮緬（*cp*）」または「並葉台咲（*cp-r*）」です。これに「牡丹」が加わって**台咲牡丹**になり、雄雌ずいが転換した花弁が中央から噴き上げます。これに「立田」が入ることで花弁に切れ込みが入り、台が見えやすくなったものが、車咲牡丹です。噴き上げた花弁は、切れた花弁のまま（**切弁**）のことも多いですが、しばしば**鳥甲**とよばれる管状の花弁に転換したものとなり、芸のレベルが高くなります。ただし、「獅子」で風鈴や管弁をつくるのに必要な「管弁化」変異は関わっていないようです。

「立田」と「縮緬」が複合した**車咲**は、「青葉」系統以外は稔性が低いため、普通は「縮緬」から採種し、これから台咲牡丹と車咲が16分の3、車咲牡丹が16分の1の割合で分離します。

複雑な修飾変異は関わっていないので、育種は比較的易しいジャンルですが、台付きのよい系統を親に選ぶことが重要です。「立田」の代わりに「笹」や「南天」を使った系統の育成も望まれます。

「黄縮緬立田芝舟葉鼠総鳥甲車咲牡丹」：車咲牡丹の株の全体像。縮緬変異によって、つるがやや撚れているため巻き付く力が弱い。

青斑入縮緬立田雨龍葉紫総鳥甲芯喇叭車咲牡丹

比較的整った車咲牡丹で、雄ずいが変化した花弁は鳥甲に、雌ずいが変化した中央の蕾（度とよばれる）は噴き上げた喇叭になっている。縮緬の子葉は野生型なので、立田の子葉になる。斑入葉だが、めだたない。

黄縮緬立田芝舟葉鼠筒白総鳥甲車咲牡丹

江戸期から柿や偽柿のような暗色変異をもつ変化朝顔が珍重されてきた。これは黄葉と強く連鎖した柿変異をもつ系統。

黄縮緬立田芝舟葉茶筒白切弁車咲牡丹

噴き上げた花弁は、鳥甲のような観賞価値の高い花弁（芸）をもたない普通の切れた花弁であるが、車咲牡丹では花ごとに芸が異なり、このような花もよく咲く。

青縮緬立田雨龍葉紫総風鈴芯喇叭車咲牡丹

この系統の噴き上げた花弁は本来鳥甲となって立ち上がるが、この花では風鈴のように垂れている。車咲牡丹では、紐が細く風鈴が垂れる花は稀である。車咲親木から採種しているため、出現率は4分の1と高い。

黄斑入縮緬立田芝舟葉藤吹掛絞鳥甲混車咲牡丹

珍しい、吹掛絞模様の車咲牡丹。黄斑入葉のため成長も遅く、つるにも斑点が入る。

青縮緬立田葉薄茶地淡紅紫刷毛目絞筒白切弁車咲牡丹

珍しい刷毛目絞の車咲牡丹。刷毛目絞は不安定な模様で、これに出物の出現率の低さが加わるため、作出が非常に難しい。

黄斑入縮緬蝉葉唐桑刷毛目絞切弁台咲牡丹

第三次ブームの大阪では、唐桑色（焦げ茶色に近い色）の刷毛目絞の車咲牡丹が最上級の花とされた。これは立田の入らない台咲牡丹である。

青抱縮緬多福葉青筒白切弁台咲牡丹

縮緬多福葉という珍しい葉形をもつ台咲牡丹。節間緑色という変異をもつため、つるに着色が見られない。

萌黄抱縮緬葉白筒紅切弁浅切台咲牡丹

萌黄とよばれる、黄葉よりも淡い葉色を導入した台咲牡丹。萌黄は、暗色変異である柿と連鎖していないため、育種するうえで便利な場合がある。

黄蜻蛉葉紅爪覆輪切弁台咲牡丹

江戸期には多く見られたが（44ページ参照）、現在では非常に珍しい、葉が縮緬ではない、並葉台咲牡丹。

青抱笹葉葡萄鼠細切弁雀咲牡丹

台咲に笹を入れると台がつかないことが多く、雀咲（縮緬＋笹）のよい系統をつくるのは難しい。これは笹牡丹にたまたま台が付いた花である。

采咲牡丹 さいざきぼたん

江戸期には、現在は切咲（きれざき）とよんでいる**立田**（たつた）も「采（ざい）」とよばれていましたが、明治以降は、**柳**（やなぎ）など、ある程度細く切れた花弁を采配（武将が戦場で用いた指揮具）に見立てて、**采咲**（さいざき）とよんでいます。

采咲牡丹系統の基本変異は、「柳（*m-w*）」です。「立田（*m-m*）」や「細柳（*m-n*）」と同じ立田遺伝子の変異ですので、これらとはヘテロ接合（中間型になる）の状態以外では共存はできません（97ページ参照）。

「柳」に「笹」や「南天」を組み合わせると、花弁と葉が著しく細くなり、それぞれ、**糸柳葉**（**海松葉**（みるば））、**針葉**とよばれます。また、「打込」を合わせもつと器官がより細くなり、撚れますので、芸のレベルが高くなります。「細柳」は最近再現した変異で、単独で、細い花弁や葉をもっています。

糸柳葉や針葉の親木に「笹」や「南天」を使うことができれば、**糸柳牡丹**などの出物の出現率は16分の1です。しかし、「黄葉」などが入ると稔性が低くなり、並葉の親木を用いますので、この場合は、64分の1の出現率になります。

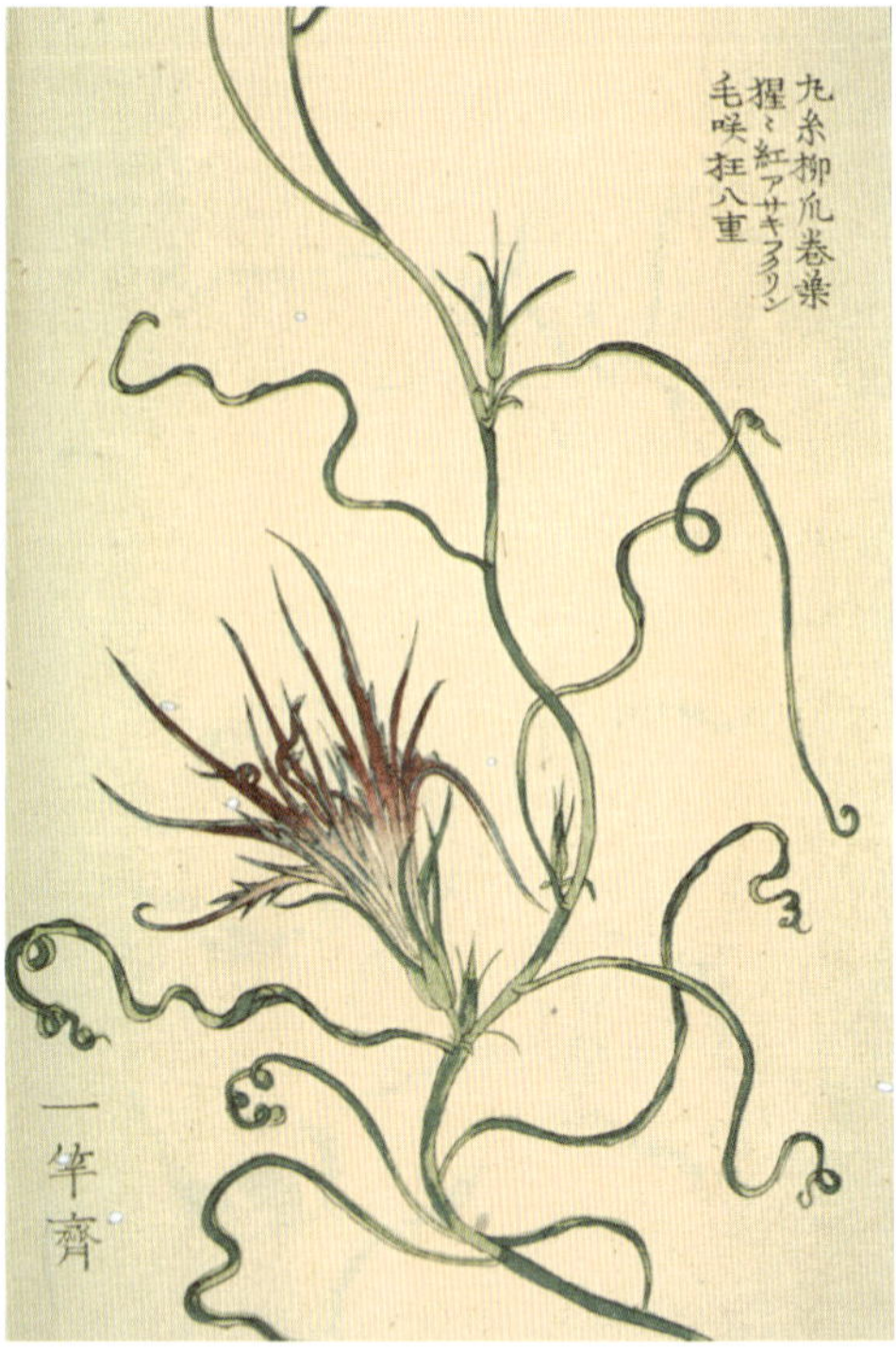

一竿齋

『朝顔三十六花撰』（嘉永7：1854年）に収録された采咲八重。

655

「黄糸柳葉紅細切采咲牡丹」：采咲牡丹の全体像。糸柳や針葉はこのように、腋芽が伸長し、多数のつるが生じることが多い。

黄柳葉紅紫吹雪撫子采咲牡丹

標準的な柳葉采咲牡丹で、吹雪模様の花。采咲では、花弁が細い系統が多いが、撫子采咲程度に幅が広いと、花の模様が有効である。

黄水晶斑入丸柳葉紫吹掛絞撫子采咲牡丹

吹掛絞の采咲牡丹。丸葉の影響で、本来の柳葉が広がって見える。柳系統ではこのように斑入が水晶斑になることが多い。

黄抱柳葉紅撫子采咲牡丹

打込が入ってるため、葉に凹凸が生じ、抱えて細くなる。打込は主に葉に影響を与えるが、花弁の幅も細くする。

黄弱渦抱丸柳葉藤紫吹雪撫子采咲牡丹

渦に対する弱い対立遺伝子である弱渦をもつ系統で、葉や花弁の厚みも増している。

青渦柳葉淡藤撫子采咲牡丹

渦をもつ柳葉采咲で、花弁が特に厚くなるため、翌日まで咲いていることが多い。

青乱菊柳葉濃桃筒白撫子多曜采咲牡丹

新しくつくられた采咲系統。乱菊の影響で花弁が増えているのはもちろんだが、葉の幅が広がり鋸歯が多数生じている。乱菊の稔性が低いため出物として扱い、出現率は64分の1である。

黄斑入細柳葉紺覆輪細切采咲牡丹

立田遺伝子の最も強い対立遺伝子である細柳1をもっており、花弁が細いため覆輪がめだたない。燕と同様に種子でも出物が鑑別できる。

青斑入蓑葉紅細撫子采咲

立田笹に林風を組み合わせたものを蓑葉という。これに南天が入ると、変化朝顔で最も珍奇だといわれる宝蓑葉になる。切れた花弁が折り畳むのは、柳でもしばしば見られる。稔性が低いため、林風立田親木から採種する。

青斑入海松葉茶覆輪細切采咲牡丹

柳と笹が複合した葉で、打込をもたない場合、葉や花弁の幅がやや広く、海松葉とよばれる。青斑入笹株は稔性がある程度高く、これを親木としているため出現率は16分の1である。

黄斑入海松葉紅紫覆輪細切采咲牡丹

前ページのアサガオとの違いは、葉色が黄葉であることだが、成長が遅く矮性になる。黄斑入笹株の稔性は低いため、維持効率が悪い。

青糸柳葉極淡藤細撫子采咲牡丹

青葉の糸柳牡丹系統は成長は旺盛だが、花付きが遅く、開花はしばしば九月以降になる。

黄糸柳葉紅細切采咲牡丹

黄葉の糸柳牡丹で、強い打込変異をもつ最高レベルの系統。並葉親木から採種するため、64分の1の出現率である。

青斑入糸柳葉黒鳩細切采咲牡丹

黒鳩色の珍しい糸柳牡丹。葉も斑入になっているため、花付きが少し早く、よい系統である。

黄弱渦糸柳葉白細切采咲牡丹

弱渦をもっているため全体にがっしりとした印象の糸柳牡丹。丸葉変異ももっているが、糸柳葉のため外見では区別できない。つるが着色するc1白による白花。

黄斑入洲浜糸柳葉紅覆輪細切多曜采咲牡丹

州浜変異をもつ珍しい糸柳牡丹。そのため、萼と曜が増加している。黄斑入州浜笹葉の親木の稔性が高いため、16分の1の出現率で維持できている系統である。

青林風糸柳葉極淡青細切采咲牡丹

林風をもつ糸柳牡丹で、葉がやや撚れている。子葉も小型で独特の形をしている。花色は白に見えるがごく淡く着色している。

黄針先南天葉淡茶剣采咲牡丹

南天と立田が複合した、やや幅のある直線的な葉をつける。花色は、黄葉と連鎖した柿と暗紅が複合した茶色。

青斑入針葉白細切采咲牡丹

南天と柳が複合した針葉は糸柳葉と比べて花付きが遅く、一般的には栽培されていないが、花弁や葉が直線的でおもしろい。花色は、種子も白いca白である。

青弱渦針葉水色細切采咲牡丹

前ページの系統に弱渦が加わった系統で、花弁や葉がややしっかりしている。針葉系統は初期成長が遅いが後で急に伸びる傾向がある。

『穠久会雑誌 7 号』（明治 36：1903 年）に載っている奇花。花弁が萼様に変化している。

変化朝顔は従来、「銘花」と「珍花（奇花）」に分けて観賞されてきました。前者は獅子咲牡丹、車咲牡丹、采咲牡丹など、花弁が整然とそろって咲くものです。後者はこれらのジャンルにあてはまらない珍しい花をつけるもので、別格として観賞・評価されています。

ここでは、主要な三ジャンルに入れるのが難しいものや、**石化**、**枝垂**などといったつるの性質が加わったもの、それぞれのジャンルの基本変異を合わせもつ中間型のものなどを挙げてみました。

このページおよび77ページに示した**無弁花**（**萼咲**）は、最近見つかった変異です。花弁が萼に、雄ずいが雌ずいに転換しています。79ページに示した**渦小人**という品種は、戦後、国立遺伝学研究所の竹中氏によって見出されたもので、「渦」と「桔梗渦」の二重変異体です。植物ホルモンの一種が欠けるため、著しく萎縮した容姿をしています。

吹詰も最近見つかった変異です。「牡丹」と組み合わせると花弁が著しく増えて豪華になるため、今後の利用が望まれます。

石化（**帯化**）は三つの劣性変異がホモ接合になったときにだけ発現するため、これを含む新しい系統をつくるのが非常に困難です。

「青蜻蛉芋笹葉萼咲牡丹」：ある糸柳牡丹系統から出現した、花弁が萼に転換している無弁花変異。牡丹が加わっているため、花はすべて萼から構成されている。

青海松葉萼咲牡丹

前ページの芋笹葉萼咲牡丹に柳が加わり、糸柳（海松）葉になったもの。萼の一部が花弁になっているのがわかる。

青縮緬小長鍬形葉燕紅切台咲

小型で不稔の変異である燕と縮緬が複合した系統。燕は蕾が多数つくため花の数も多くなる。燕出物は、子葉も小型であり、種子のときにも区別がつく。

青渦桔梗渦蘡葉鮮紅色切咲牡丹

渦と桔梗渦が複合した渦小人とよばれる系統で、葉が強く詰まり成長も著しく遅く、不稔になる。そのため、渦または桔梗渦親木から採種し、出物として維持している。これは牡丹を含む珍しい系統。スカーレットオハラから導入された金属光沢変異をもつため、花色が鮮やかである。

黄柳葉枝垂木立淡桃撫子采咲

木立は節の間が短い矮性変異。それに加え、めだたないが枝垂を合わせもつ系統である。柳にはこのように花が折り畳んで咲くものがある。

青水晶斑入柳葉枝垂紅覆輪撫子采咲牡丹

柳牡丹に枝垂を導入した系統。枝垂変異では重力を感受する内皮細胞層が欠けている。子葉はわずかに抱えていることが多い。

青糸柳葉枝垂白巻絹細切采咲牡丹

枝垂の入った珍しい糸柳系統。采咲では、開花後、時間が経過すると花弁が巻いてくるものがあるが、これは、最初から巻き込む珍しい巻絹弁をもつ。

黄針先南天葉石化淡鼠切咲

石化（帯化）は三重劣性変異をもつ場合のみ発現するので、系統育成が困難である。これは立田と南天が複合した石化系統。

青水晶斑入孔雀柳葉石化青筒白撫子采咲牡丹

珍しい、石化の柳葉牡丹咲。石化では、牡丹の内部の蕾（度）の発達が悪くめだたない。石化、柳の影響で、水晶斑が強く入っている。

黄水晶斑入孔雀海松葉石化紅細切采咲

石化に必要な変異と孔雀は強固に連鎖しているため、ほとんどの石化系統は孔雀変異も合わせもつ。孔雀の影響で葉の幅が広がっている。

青糸柳葉吹詰藤細撫子多曜采咲牡丹

茎や花の分裂組織を巨大化させる吹詰の影響で、つるがかなり太くなっている。笹は、牡丹の内部の蕾（度）の発達が悪いので、それほど花弁が増えているようには見えない。笹親木から64分の1の確率で出現。

青斑入小蜻蛉葉姫吹詰紅紫時雨絞多曜丸咲牡丹

姫に吹詰と牡丹を入れた系統。姫は、*tm1*と*tm2*の二重劣性変異にならないと発現しないため、育成が難しい。これは花色にも時雨絞が入っており非常に珍しい。姫牡丹は、蕾のままで開花しないことが多い。

青渦蛇腹柳葉青髭入采咲牡丹

渦に加えて、獅子、柳、牡丹をもつ系統で、普通の撫子弁のように見えるが、細かく裂けた髭状の花弁になっている。前日咲いた花も、赤くなっているがまだきちんと咲いている。

黄縮緬雨龍葉青鳥甲獅子咲牡丹

風鈴獅子牡丹系統に縮緬が加わったもので、紐が短く鳥甲状になる。葉も、より細い雨龍葉になっている。抱並葉親木から64分の1の確率で出現。

黄斑入細柳雨龍葉紫毛弁獅子咲牡丹

細柳と管弁獅子の交配系統。花弁は毛とよばれ、先端が細く撚れた花弁になっている。成長は著しく遅く、写真の花は12月に開花。

第三部　基礎知識編

変化朝顔のしくみ

変化朝顔はどのようにして生まれたのでしょう。なぜこのような変化がつくられるのでしょうか。そこには遺伝のしくみが関係しています。遺伝の基本的なしくみと、それがどのように利用されてきたかを知ると、変化朝顔の魅力を深く味わうことができます。さらには自分で育てることもできます。この第三部では、もっと変化朝顔を楽しむための知識を紹介していきます。

アサガオの歴史

アサガオは、他のサツマイモ(*Ipomoea*)属の植物と同様に、中南米原産と考えられており、これが人の移動とともに世界中に広まったようです。日本へは、一二〇〇年ほど前の奈良時代に中国から遣唐使によって渡来し、当初は薬（下剤）として使われていましたが、すぐに観賞用としても広く栽培されるようになりました。

長い間、数えるほどの変異しか見つからなかったのですが、一八世紀の中頃、備中松山藩（現在の岡山県高梁市）で、「松山朝顔」または「黒白江南花（こくびゃくこうなんか）」とよばれた絞り咲き（今でいう時雨絞や雀斑）のアサガオが出現し、京都や江戸に広まった記録が残っています。これは、アサガオが元からもっていた、トランスポゾン（動く遺伝子、98ページ参照）というものの活性が高まったためだと考えられています。

その後、今から二〇〇年ほど前の江戸時代・文化文政期には多数の変異が見つかり、**第一次ブーム**とよばれる栽培ブームが起こりました。江戸時代には、他の植物でも変わった種類を集めて観賞する趣味が人々の間に広まっていたこともあり、たまたま出てきたアサガオの変異を見逃さなかったのでしょう。最初は、比較的単純な形のアサガオを観賞していましたが、より変わったアサガオを追い求めた結果、江戸時代の終わり頃には、**第二次ブーム**とよばれる栽培熱の高まりを見せ、アサガオには見えないような形のアサガオが観賞されるようになりました。当時の人々は、種子ができない不稔のアサガオを維持する方法を経験的に編み出したと考えられ、アサガオにかける情熱と栽培技術はとても高かったことがわかります。

乱獅子
第一次ブームの変化朝顔。最初はこのようなシンプルなアサガオが観賞された。獅子は当初、種子のできる変異として保存された（『花壇朝顔通』文化一二　一八一五年）

杏葉館
第二次ブームの変化朝顔。当時のブームを牽引した杏葉館（鍋島直孝）による車咲牡丹（『朝顔三十六花撰』嘉永七　一八五四年）

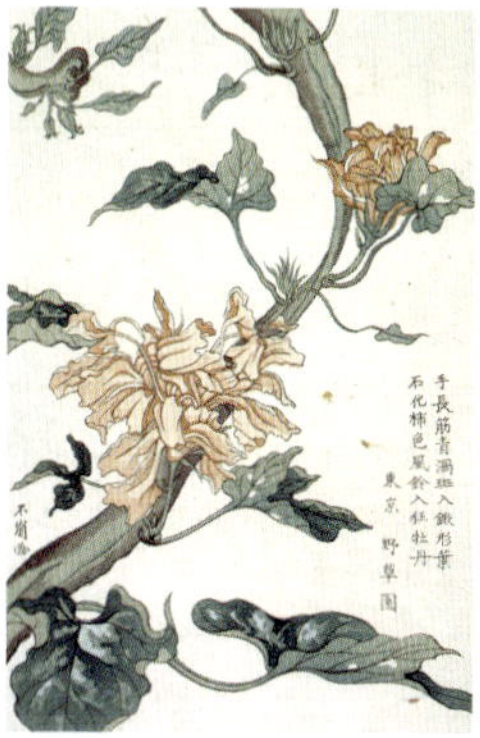
第三次ブーム初期の変化朝顔。今では失われた手長牡丹（『穠久会雑誌』明治三三　一九〇〇年）

明治時代に入るとアサガオの栽培は衰退しますが、明治の中頃から再び注目を集めるようになりました。日本各地に残っていた種類が集められ、アサガオの愛好会が結成され、優劣を競い合う品評会も開かれるようになりました（**第三次ブーム**）。変化朝顔のなかから、大きな花を咲かせるアサガオも選ばれ、現在でも**大輪朝顔**（たいりんあさがお）として栽培されています。江戸時代には、昆虫によって自然交雑を起こしたアサガオのなかからよいものを選ぶだけでしたが、この頃には、人の手によって交配され、新しい種類がつくられるようになりました。しだいに形の整ったすばらしいアサガオが選び出され、昭和初期には最高レベルにまで達します。

アサガオは日本人の遺伝学者によって遺伝学の研究にも使われるようになり、江戸期から保存されてきたアサガオの変異体が整理され、当時はトウモロコシの次に詳細に研究されていた植物でした。その後、第二次世界大戦が始まり、アサガオを栽培する余裕もなくなり、多くのアサガオ系統が失われてしまいました。

戦後、江戸時代から続いた変化朝顔の種子を保存している人は数人しか残っておらず、絶滅の危機に瀕しました。しかし、一九五六年に日本で開催された国際遺伝学会議に展示する目的で、これらの種子が静岡県三島市にある国立遺伝学研究所に集められ、遺伝学や生理学の研究に使われるようになりました。現在では、福岡にある九州大学で保存され、文部科学省のナショナルバイオリソースプロジェクトによって、保存対象生物に指定されています。分子生物学の手法を用いた研究にも用いられ、花の色や形の変異の原因である遺伝子も次々と明らかにされています。愛好家によって、昔のような高いレベルのアサガオを復元する試みも続けられ、第二部に載せたような、戦前のレベルを超えるアサガオもつくられています。

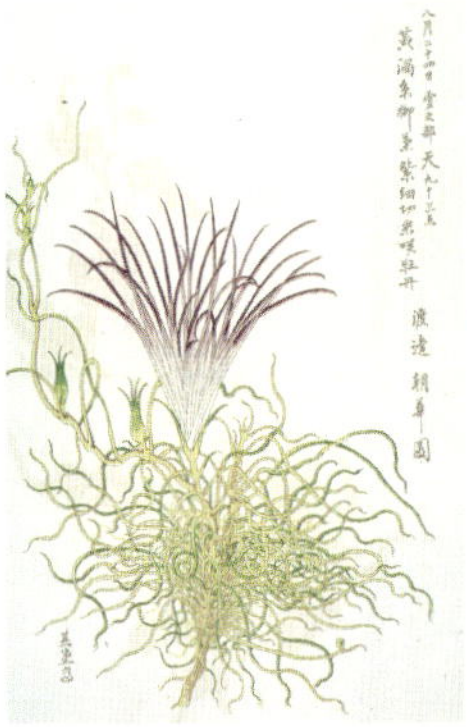

第三次ブームでは、人工交配も駆使し、しだいに洗練された変化朝顔の育成が進んだ（『奇葬会雑誌』大正九　一九二〇年）

州浜を基本変異とする大輪朝顔が現れ、現在でも広く栽培されている（『東京朝顔研究会会報』大正一〇　一九二一年）

第三次ブーム末期には獅子咲牡丹の育種も進み、風鈴の揃う優秀花がつくられた（『東京朝顔研究会会報』昭和七　一九二九年）

遺伝の基本と「正木」「出物」

観賞価値の高い変化朝顔、特に花が変化する株の多くは種子を結びません。種子を結ばないことを**不稔**（ふねん）といい、不稔の変異をもつ変化朝顔を**出物**（でもの）とよびます。一方、**稔性**（ねんせい）のある（種子を結ぶ）変化朝顔を**正木**（まさき）とよびます。出物を維持するには、その変異を遺伝子に隠しもつ**親木**（おやき）の種子を播き、**メンデルの遺伝法則**に従って生じてくる株から目的の出物を選び取る作業を、毎世代くり返さなければいけません。変化朝顔の栽培は遺伝の実験のようなものです。遺伝のしくみがわかれば、栽培方法の理解が深まりますので、ここでは、遺伝の基本を簡単に説明します。

出物・親木・正木

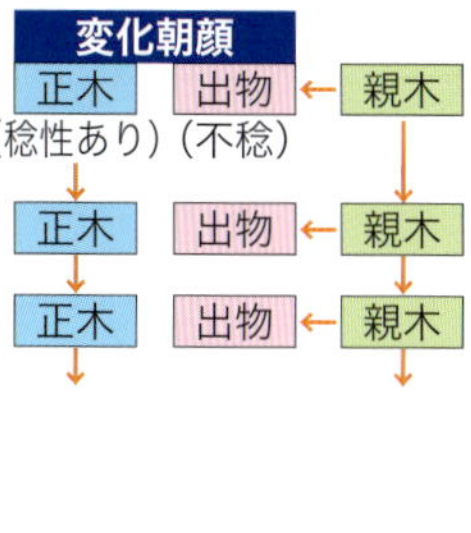
変化朝顔
正木
(稔性あり)
出物
(不稔)
親木
正木
出物
親木
正木
出物
親木

▶遺伝子と染色体

朝顔に限らずほとんどの生物は、DNA（デオキシリボ核酸）という物質から構成される数万個の**遺伝子**をもっています。一つの遺伝子は決まった一つのタンパク質をつくり、色や形などを決める働きをします。アサガオでは、これらの遺伝子がすべて正常に働くと、三つに尖った葉と青く丸い花をもつ**野生型**が生まれます。

多数の遺伝子は数百から数千個ごとに**染色体**とよばれる単位にまとめられています。その生物の遺伝子の一セットを**ゲノム**とよび、アサガオのゲノムは15本の染色体で構成されます。雄ずいの花粉の中の精核と、雌ずいの胚珠の中の卵細胞は、それぞれゲノム一セット、すなわち15本の染色体をもち、これが受精して胚（子葉）をつくるため、アサガオは植物体としては、15×2＝30本の染色体をもちます。つまり、同じ種類の遺伝子が一対（すなわち二個）存在しているわけです。

染色体と減数分裂

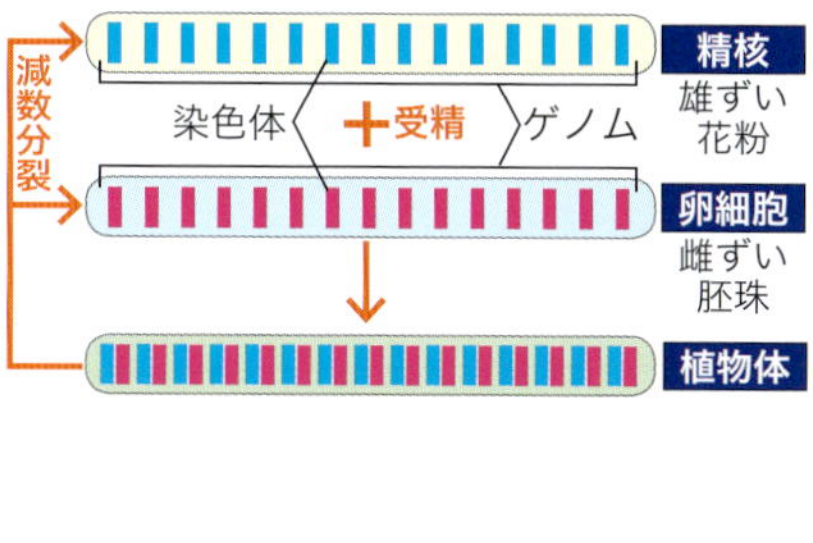
減数分裂
精核
雄ずい
花粉
染色体
受精
ゲノム
卵細胞
雌ずい
胚珠
植物体

▶「正木」「出物」と遺伝子型

ある正常な遺伝子をMという遺伝子記号で表してみます。前に述べたように、同じ遺伝子は二個あるので、野生型はMMという遺伝子型をもちます。変化朝顔ではこの正常な遺伝子Mが壊れ、形が変化したmという**変異**が生じているのです。

稔性のある正木は、mが二つ揃ったmmという遺伝子型をもち、mmの種子をつくります（このように同じ変異が揃っていることを**ホモ接合**といいます）。出物もmmというホモ接合体ですが、不稔なので次世代のmmの種子を結びません。そのためmを隠しもつMmという遺伝子型の親木を使って種子を受け継ぎます。こうしたMmのような遺伝子型を**ヘテロ接合**とよびます。Mmでは、正常な遺伝子Mが壊れた遺伝子mの機能を補うため、見た目は野生型と区別できません。野生型の遺伝子と一緒になった際に隠されてしまう変異を**劣性変異**、逆に野生型に隠されない変異を**優性変異**といいます。

▶単性雑種

Mmの遺伝子型をもつアサガオが花を付け、雄ずいや雌ずいをつくる際には、一対あった遺伝子（染色体）が再び半分に分かれ（減数分裂といいます）、Mまたはmをもつ花粉（精核）と胚珠（卵細胞）が、同じ数生じます。アサガオでは、開花時に雄ずいの花糸が伸長することで葯が雌ずいの柱頭をこすり、自動的に**自家受粉**（じかじゅふん）するしくみがあります。これが出物を維持するうえで非常に重要で、Mまたはmのいずれかをもつ花粉と胚珠が総当たりで受粉することになるのです。

その結果、左図のようにMM、Mm、mmの遺伝子型の種子が1：2：1の割合で生じます。mmの種子は正常な（野生型）遺伝子がないため不稔の変異体（出物）となります。それ以外は優性の正常なM遺伝子をもつためmの変異は隠され、野生型になります。つまり、野生型と出物が3：1で**分離**するのです。この野生型のアサガオから再び採種すると、$MM \times MM$または$Mm \times Mm$の交配による種子が得られますが、前者から出物（mm）は生じず、後者からしか出てきません。江戸時代の人々は遺伝の法則を知りませんでしたが、このように出物の変異が隠された種子を残すことで、種子を結ばない変異を保存してきたのです。

自家受粉による遺伝

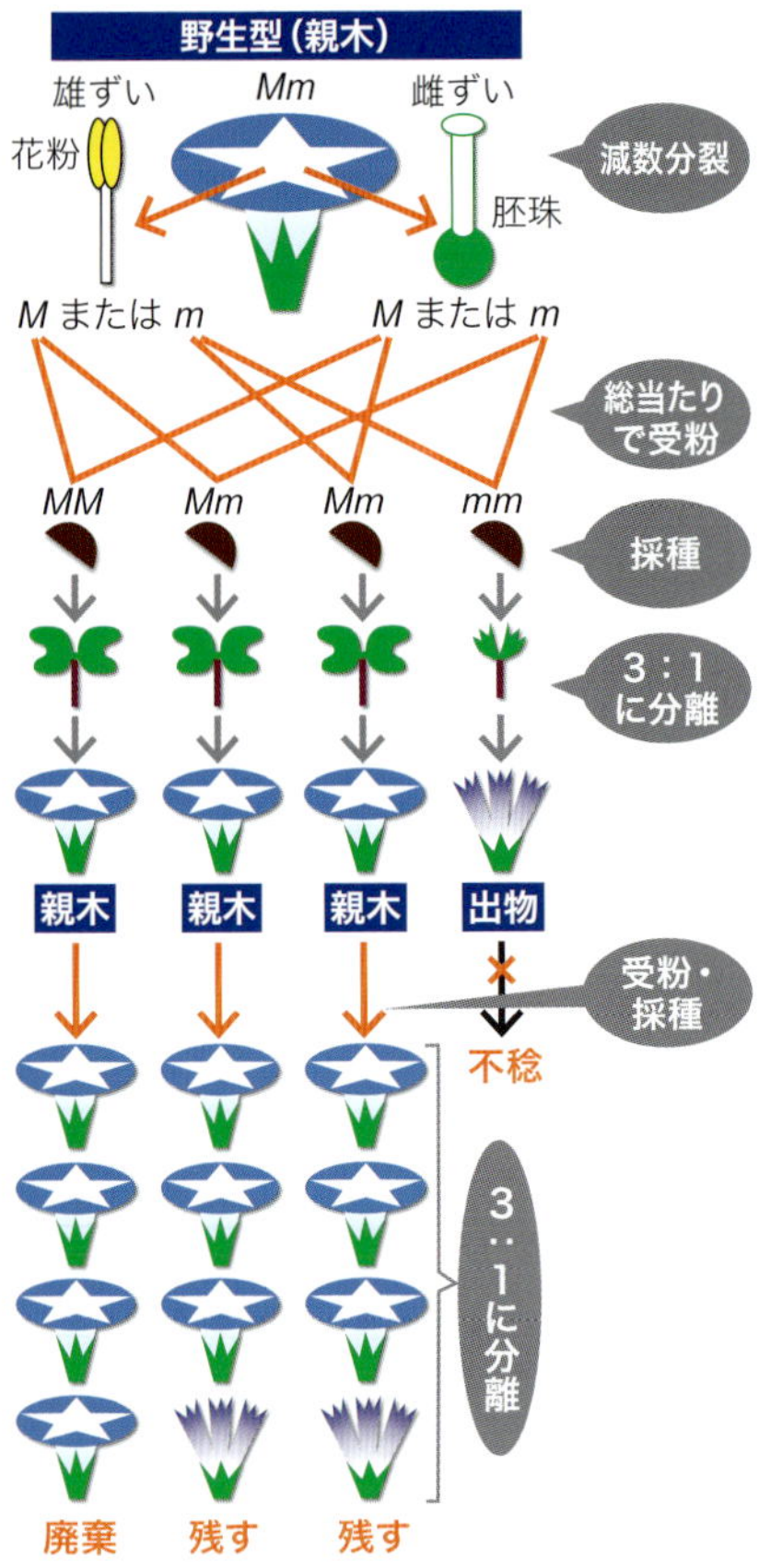

野生型（親木）
雄ずい
Mm
雌ずい
花粉
胚珠
減数分裂
M または m
M または m
総当たりで受粉
MM
Mm
Mm
mm
採種
3：1に分離
親木
親木
親木
出物
受粉・採種
不稔
3：1に分離
廃棄
残す
残す

遺伝の組み合わせ

二性雑種　これまで一種類の変異について考えてきましたが、二種類以上ある場合も、それぞれの遺伝子が異なる染色体に乗っていれば**独立**に遺伝しますので、同じように考えることができます。たとえば二つの変異、「柳（m）」と「牡丹（d）」をヘテロ接合でもっている親木（$MmDd$）からは、MD、Md、mD、md の四種類の精核と卵細胞が等しい確率でつくられます。これが下の表のように総当たりで受粉することで、四種類のアサガオ、丸咲（親木）、牡丹（親牡丹）、柳（一重出物）、柳牡丹（牡丹出物）が9：3：3：1の割合で分離します。一種類のときの分離比（3：1）が二種類組み合わさったと考え、$(3+1)^2$を展開し9＋3＋3＋1（9：3：3：1）と考えてもこの割合を求めることができます。変異が三種類の場合は、$(3+1)^3$を展開した比率になり、27：9：9：9：3：3：3：1という割合で八種類のアサガオが分離してきます。

二種類の変異が組み合わさる遺伝

	MD	Md	mD	md
MD	MMDD 丸咲	MMDd 丸咲	MmDD 丸咲	MmDd 丸咲
Md	MMDd 丸咲	MMdd 牡丹	MmDd 丸咲	Mmdd 牡丹
mD	MmDD 丸咲	MmDd 丸咲	mmDD 柳	mmDd 柳
md	MmDd 丸咲	Mmdd 牡丹	mmDd 柳	mmdd 柳牡丹

連鎖　右では、二つの遺伝子（変異）が別々の染色体に乗っている例を示しました。もし同じ染色体に乗っている場合はどうなるでしょう。二つの変異が近い位置にあると、それらは独立せず一緒に分配されます（**連鎖**）。よく知られた例に、鼠色などの暗い花色をもたらす「柿（d）」と葉が黄緑色になる「黄葉（y）」の連鎖があります。黄葉で花が鼠色の品種と野生型を交配した**雑種第一代**（F_1）のヘテロ接合株を自家受粉して得られた**雑種第二代**（F_2）の黄葉の株は、連鎖によってほとんど鼠色の花を付けます。ただし、ごく一部だけ野生型の青花になります。この青花は、**組換え**とよばれる染色体のつなぎ換えで生じた株です。二つの遺伝子の距離が近いほど、組換えを起こす頻度も低

くなります。葉の色を見ただけで花色を予測できるため、変化朝顔に暗色を導入する際に利用されています。

獅子親木の候補のうち、「獅子（fe）」をもたない株が翼片のない「丸葉（Co）」の系統が多いのも「獅子」と「丸葉」の遺伝子の距離が近く、連鎖しているためです。

「柿」と「黄葉」の連鎖

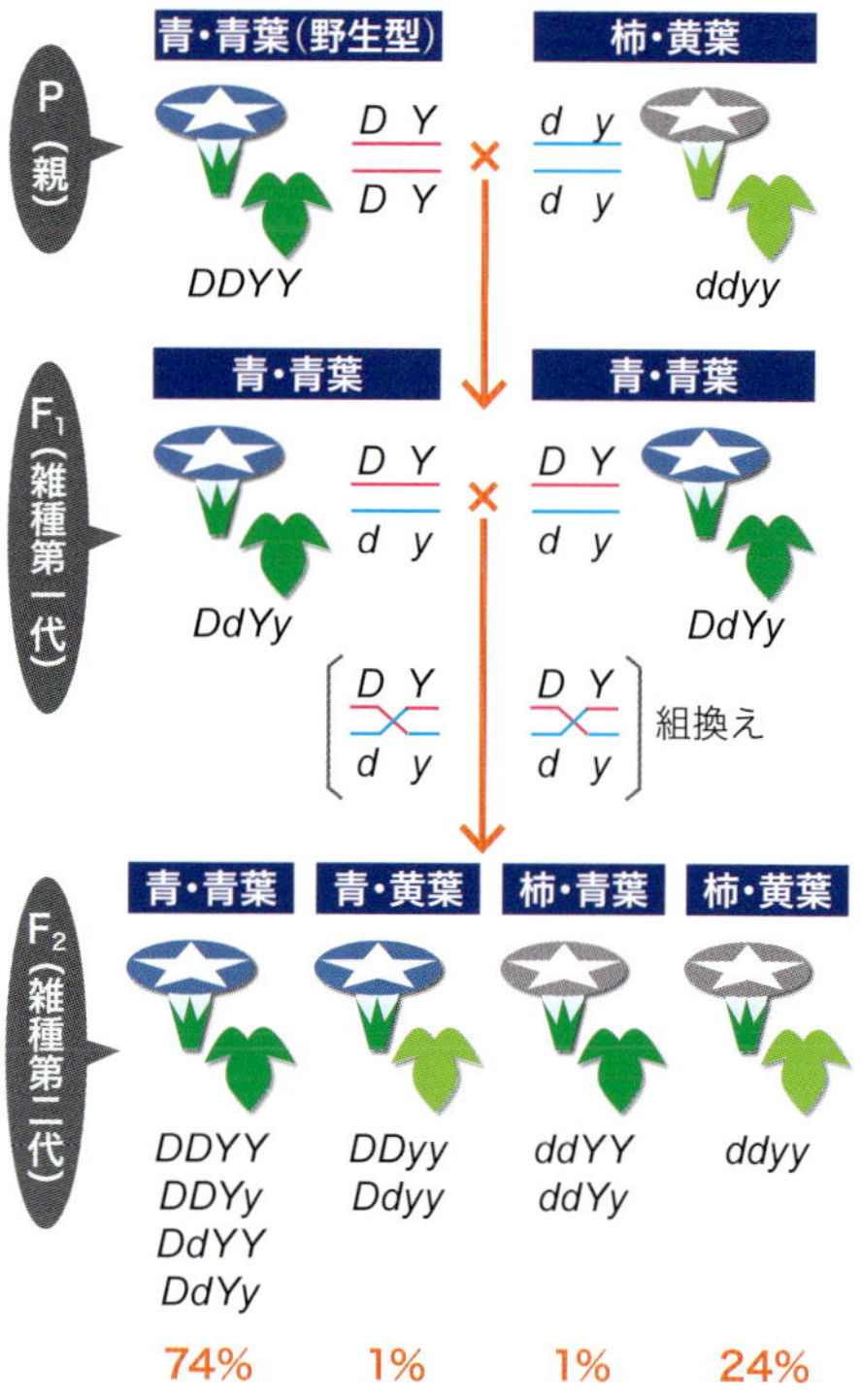

P（親）
青・青葉（野生型）
柿・黄葉
D Y
D Y
d y
d y
DDYY
ddyy
F1（雑種第一代）
青・青葉
青・青葉
D Y
d y
DdYy
組換え
F2（雑種第二代）
青・青葉
青・黄葉
柿・青葉
柿・黄葉
DDYY
DDYy
DdYY
DdYy
DDyy
Ddyy
ddYY
ddYy
ddyy
74%
1%
1%
24%

▼**複対立遺伝子**　生物を構成する遺伝子は数万個あると書きましたが、稀に同じ遺伝子の変異が見つかります。アサガオでは、「立田（$m\text{-}m$）」、「柳（$m\text{-}w$）」、「細柳（$m\text{-}n$）」はすべて同じ立田遺伝子の変異です。このほかにも、「牡丹」と「八重咲」、「無弁花」と「捻梅」、「渦」と「弱渦」も同じ遺伝子の変異です。これらの変異どうしの交配では野生型遺伝子Mが存在しないため、F_1は両親の変異の中間型になり、野生型には戻りません。また、これらの二つは同じ遺伝子の変異なので、お互いのヘテロ接合の状態以外では共存させることができません。このような変異を**複対立遺伝子**（または**アレル**）とよんでいます。変異名は、他の変異と区別するために、基本変異の後にハイフンをつけて書くか（$m\text{-}w$）、肩字で書きます（m^w）。

江戸時代に出版された『あさがお叢』には「立田」から「柳」をつくる方法の記述がありますが、明治以降、愛好家は気づかなかったのか、こうした関係についての記述は見たことがありません。

複対立遺伝子の「柳」と「細柳」

柳（m-w/m-w）
ホモ接合体
細柳（m-n/m-n）
ホモ接合体
F1（m-w/m-n）
ヘテロ接合体（両親の中間型）

変異が生まれるしくみ

変異を起こすトランスポゾン　普通の青く丸い形の花の野生型のアサガオから、どのようにしてアサガオに見えないような形の変化朝顔ができたのでしょうか。遺伝の基本のところにも書いたように、色や形の変化を起こす変異のほとんどは、正常な遺伝子が壊れたことによる劣性変異です。

一般的なケースは、遺伝子を構成するDNAにある四種類の塩基の並び方（塩基配列）がわずかに変化し、正常なタンパク質をつくれなくなる場合です。しかし、DNAの塩基配列は非常に正確に維持されているため、このような変異が起こる頻度は非常に低いものです。そのため、江戸時代の後期に一度に多くの変異が見つかった現象はこれでは説明できません。

アサガオの変異とそれに対応する遺伝子の研究が進み、大部分の変異は、「動く遺伝子」ともよばれる**トランスポゾン**によって引き起こされていることが明らかになってきました。トランスポゾンが遺伝子に挿入すると、遺伝子を分断し壊してしまいます。それによって生じた劣性変異がヘテロ接合の状態にあっても、アサガオは自家受粉するのですぐにホモ接合になり、見た目の変化として栽培家に見つかり保存されます。

トランスポゾンが再び遺伝子から飛び出す際には、数塩基の痕跡（フットプリント）を残し、完全に元には戻りません。もし、トランスポゾンが挿入した場所が、遺伝子のなかでタンパク質づくりに関わる「エキソン」である場合は、トランスポゾンが飛び出しても野生型には戻らず、変異は残ったままになります。逆に、タンパク質づくりに関与しない「イントロン」という部分に挿入した場合は、トランスポゾンが離脱

トランスポゾンの挿入と離脱

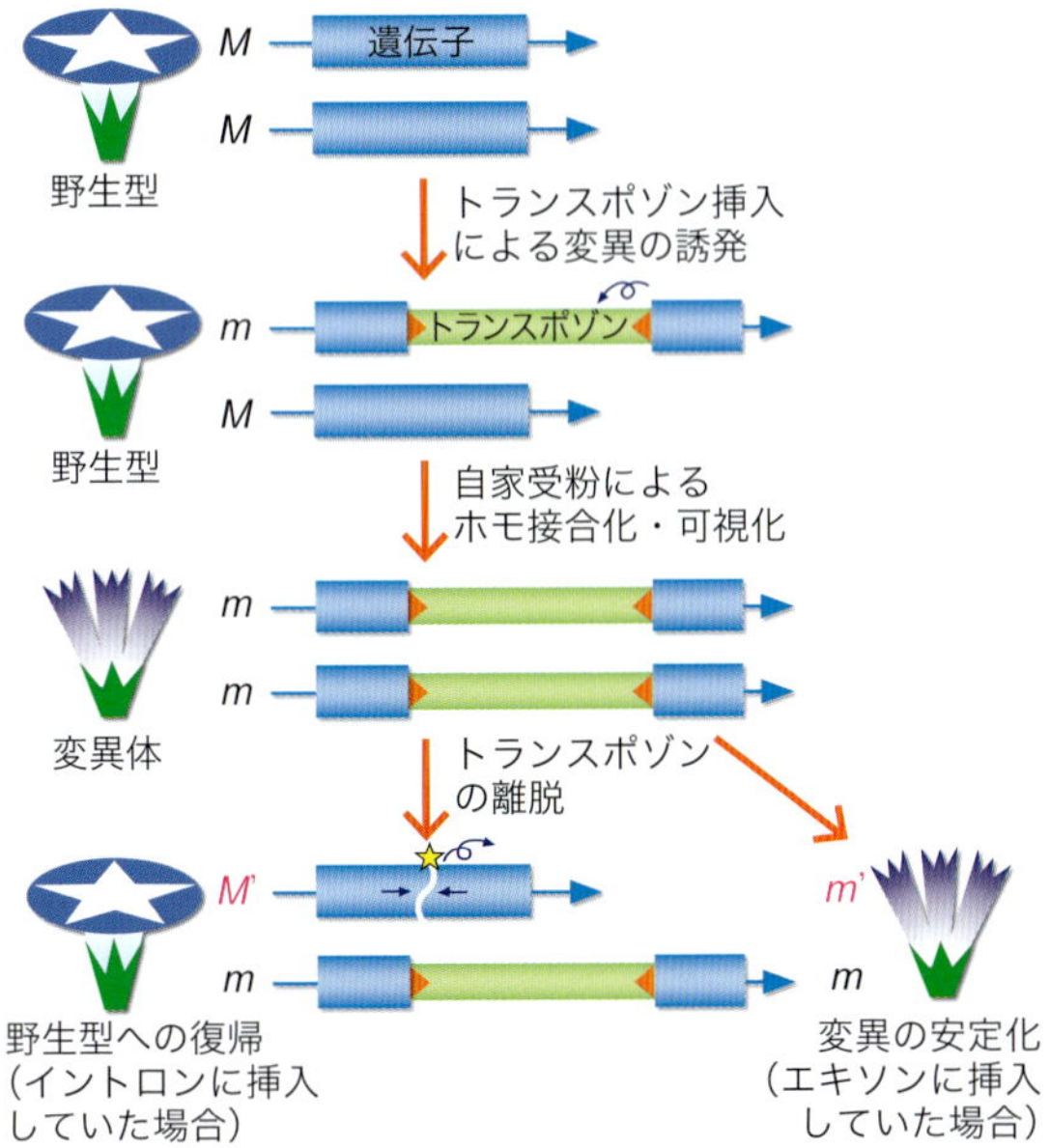
M
遺伝子
M
野生型
トランスポゾン挿入
による変異の誘発
m
トランスポゾン
M
野生型
自家受粉による
ホモ接合化・可視化
m
m
変異体
トランスポゾン
の離脱
M'
m
野生型への復帰
(イントロンに挿入
していた場合)
m'
m
変異の安定化
(エキソンに挿入
していた場合)

しても影響が残らず、野生型に戻ります。

どの生物でも、トランスポゾンが動くと遺伝子を次々に壊してしまって害が生じるので、ふだんはこのトランスポゾンが動けないように抑えるしくみをもっています。ところが、江戸時代の後期に見つかった「黒白江南花（こくびゃくこうなんか）」のような絞り模様のアサガオでは、おそらくこの抑制のしくみが働きにくいように変化したのでしょう。その変わった模様のアサガオが日本全国に広まり、その子孫から、現在知られているさまざまなアサガオが生み出されてきたのだと考えられています。

トランスポゾンが飛び出して野生型に戻ったアサガオ。上は、「糸柳（柳＋笹）」の笹が野生型に戻り、柳になった部分が見られる。下は、「時雨絞」の着色した花弁と松島の緑色の葉が野生型に復帰した部分である。

◀裏や表がなくなったアサガオ

江戸時代の愛好家は、とにかく変わった形のアサガオを血眼になって探しました。変化朝顔はなぜあのような変わった形をしているのでしょうか。最近の遺伝子の研究から、変化朝顔の主要な変異では、植物の体の座標軸をつくる遺伝子が壊れ、決められた場所に正しい器官をつくることができなくなっているため、あのような形になることがわかってきました。たとえば、「獅子」や「笹」では、葉や花の裏側の位置を決める遺伝子が壊れることで、葉や花弁の裏側が表側に変化しています。

一つの遺伝子の変異だけではそれほど変わった形になりませんが、これらを複数組み合わせると、より変わった形になることが経験的に知られるようになり、そのようなアサガオが育成・観賞されてきたのです。

裏表を決める遺伝子の変異

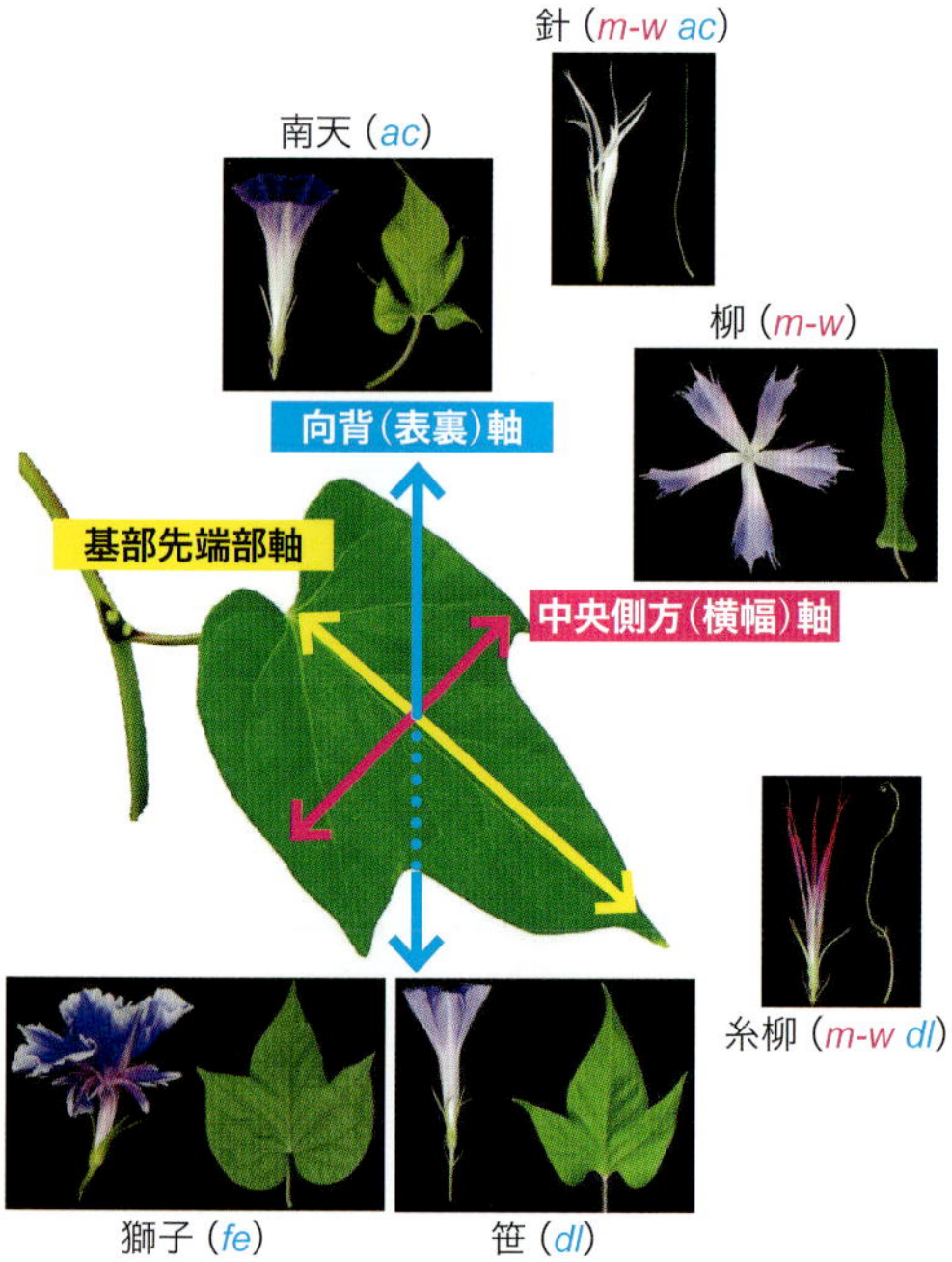
針（m-w ac）
南天（ac）
柳（m-w）
向背（表裏）軸
基部先端部軸
中央側方（横幅）軸
糸柳（m-w dl）
獅子（fe）
笹（dl）

★変化朝顔の栽培・採種

変化朝顔は大輪朝顔と異なり、肥料をあまり必要とせず、栽培技術にもそれほどこだわりません。成長が遅い系統もありますが、103ページで説明する仕訳（しわけ）さえうまくいけば栽培自体は比較的易しいものです。ここでは変化朝顔の栽培方法について、重要なポイントに絞って説明します。

①発芽処理（芽切り）

アサガオの種皮は水を吸いにくく、そろって発芽させるために、種をまく前に必ず種皮に傷をつける必要があります。この作業を**芽切り**とよび、カッターナイフや爪切り、ヤスリなどの刃物で、中の白い子葉がわずかに見えるように種皮の一部に傷をつけます。このとき、種子の端にある発根部を傷つけないようにします。

正木系統では、ほとんどが同じアサガオになるため、数粒から栽培できますが、不稔変異がメンデルの法則に従って分離する出物系統では、出物の出現確率（**出割**）に応じて必要な粒数を播きます。左表に、90％の確率で牡丹出物を出すために必要な最低限の播種数をまとめました。99％の確率で出すにはこの表の約二倍の数が必要となります。親木も、経験上、この表にある本数を残したほうがよいでしょう。最低でもこの半分以上の本数は栽培してください。

芽切り作業（左）と処理後の種子（右）

出物の維持に必要な播種数と親木本数

	親木	葉出物（出割）	牡丹出物（出割）	90％播種数	99％親木本数
渦小人など（単性雑種）	渦葉丸咲（3/4）	渦小人（1/4）	なし	8	4
獅子咲牡丹	抱並葉丸咲（4/16）	獅子（1/4）	獅子咲牡丹（1/16）	36	4
車咲牡丹	縮緬葉台咲（4/16）	車咲（1/4）	車咲牡丹（1/16）	36	8
采咲牡丹（柳牡丹）	並葉丸咲（4/16）	柳（1/4）	柳牡丹（1/16）	36	8
采咲牡丹（糸柳牡丹）	笹葉切咲（4/16）	糸柳（1/4）	糸柳牡丹（1/16）	36	8
采咲牡丹（糸柳牡丹）	並葉丸咲（8/64）	糸柳（1/16）	糸柳牡丹（1/64）	146	13

②種播き　熱帯起源のアサガオは発芽に20℃以上の高温を必要とします。そのため、五月中旬以降十分暖かくなってから種子を播いてください。できれば六月に入ってから播くことをお勧めします。川砂やバーミキュライトのような無肥料の土を入れた植木鉢や苗箱に系統名を書いた札を立てて、1～1.5cmの深さに播き、たっぷりと水やりし、発芽するまで絶対に土が乾かないように管理します。発芽後すぐに植え替えできない場合は、最初から培養土を入れた鉢やプランターに間隔を空けて種子を播いてもよいでしょう。

③皮むき・移植（鉢上げ）　適温を維持すると、二、三日で発芽が始まります。出物の子葉は小さいものが多く、種皮をかぶったまま発芽することがあります。この場合は水やりして種皮が柔らかくなった後に、指でていねいに取り除いてください。

種皮をかぶったままの発芽

小鉢への移植（**鉢上げ**）は、子葉が展開した直後、できるだけ早い時期に行いますが、遅れた場合は、根を傷めないように土を崩さず行います。子葉の段階で親木と出物を鑑別し（103ページ参照）、出物はすべて培養土を入れた3号（9cm）の小鉢に移植します。親木候補も、親木として使えない不稔の牡丹咲が含まれるため、右ページの表より多めの本数を鉢上げします。

④牡丹探り・本植え・支柱立て　本葉が順調に展開し、蕾が付いたら蕾を解剖し、一重咲か牡丹咲かの鑑別（**牡丹探り**）を行います。葉出物のなかで、牡丹咲になった株を観賞用の牡丹出物として残します。逆に親木候補から、牡丹咲の親木（**親牡丹**）は不稔のため廃棄します。

一般的に黄斑入、黄葉、青斑入葉、青葉の順に蕾付きが早く、細葉出物は蕾付きが遅れます。蕾が付かないままつるが伸び出してきたら**摘芯**し、それでも蕾付きが遅れた場合は短日処理をするか、牡丹探りをしないまま出物候補、親木候補をそのまま植えつけます。

牡丹出物は5号（15cm）の鉢に植えつけ（**本植え**）、45cm程度の行灯（あんどん）型の支柱を立てます。親木は系統ごとに維持に必要な本数を一本ずつ鉢植えにするか、プランターや畑に地植えし、倒れないように固定したポール状の支柱を立てて、反時計回りにつるを巻きつけます。

行灯型の支柱

⑤採種・種子の保管　変化アサガオの親木は、株ごとに遺伝子型が異なるため、必ず株ごとに番号をつけ、隣の株とつるが絡まないように管理して採種します。つるが伸びすぎたら適当なところで摘芯し、腋芽を伸ばします。七月下旬～八月下旬は、生育も旺盛で花は盛んに咲きますが、暑すぎて種子がほとんど稔りません。その後涼しくなると結実するようになります。蒴果（種子の入った果実、8ページ参照）が成長し茶色く熟したら、株ごとに数回に分けて収穫し、通気性のよい紙の封筒などに株の番号を記入して乾燥したところに保管します。種子は、室温で保存すると数年で発芽しなくなりますが、シリカゲルなどの乾燥剤と一緒に密封できるプラスチック容器やビニール袋に入れ、定期的に乾燥剤を交換し保存すれば一〇年以上保存することができます。これを冷蔵庫（4～10℃）に入れておくと、さらに長い期間（五〇年以上）保存できます。

⑥テスト播き　株別に採種した親木の種子は、株によって、葉出物（獅子、柳、立田）や牡丹の変異をヘテロ接合でもつかどうかが異なります。葉出物と牡丹が出るかを確認するために事前に**テスト播き**しておくと、翌年以降、播種する数が減らせて栽培が楽になります。たとえば、八粒テスト播きし、葉出物と牡丹の両方が出れば当たりですが、出ない場合は90％の確率で出物や牡丹の変異が抜けています。

蕾が付くまで一ヶ月程度かかるため、「早く熟した種子を九月までに播く」「冬期に加温して栽培する」「翌年テストを行い確認済の種子を使って隔年で栽培する」などの工夫をするとよいでしょう。

牡丹採りとテスト播き

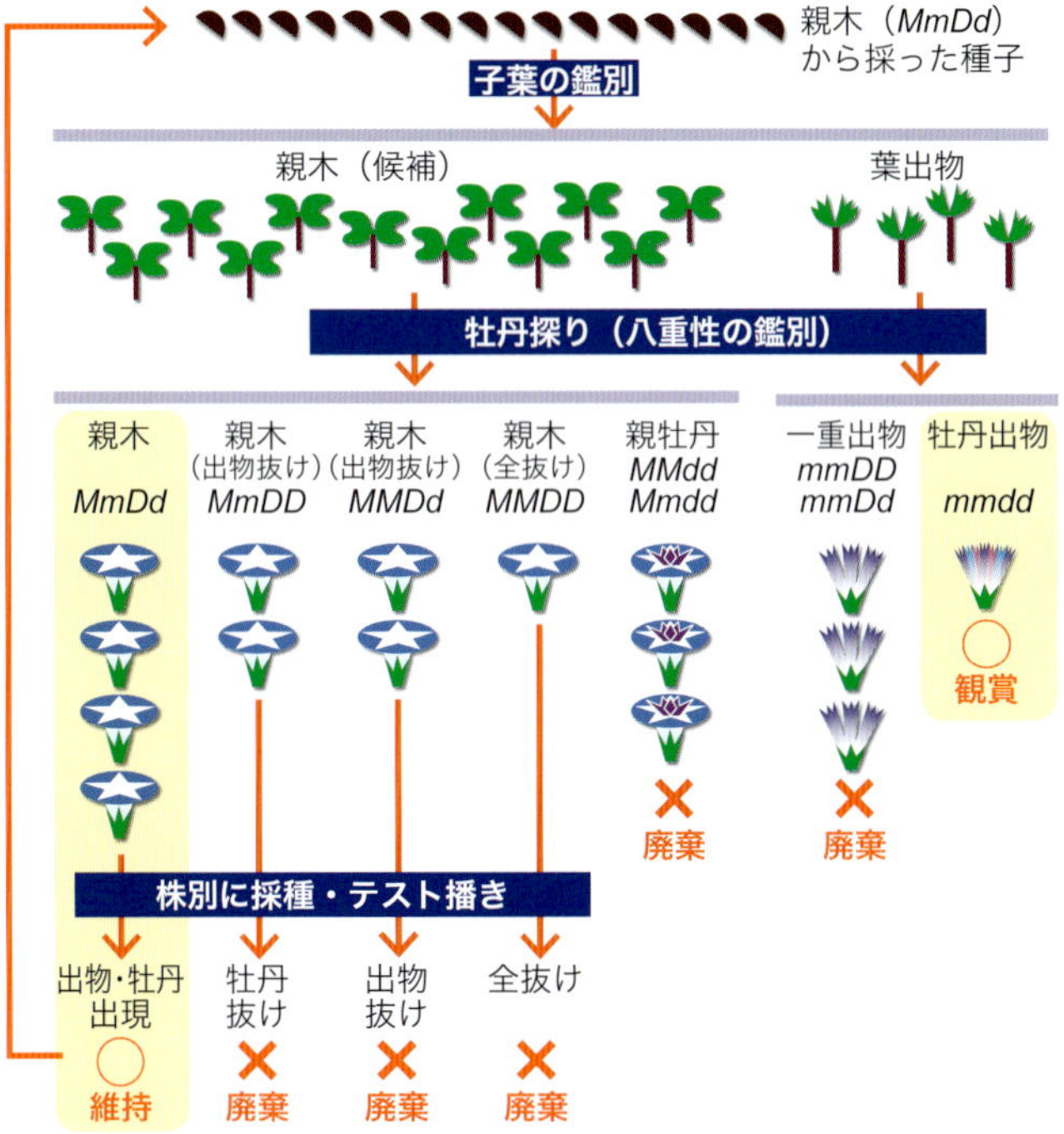

親木（MmDd）
から採った種子
子葉の鑑別
親木（候補）
葉出物
牡丹採り（八重性の鑑別）
親木
MmDd
親木
（出物抜け）
MmDD
親木
（出物抜け）
MMDd
親木
（全抜け）
MMDD
親牡丹
MMdd
Mmdd
一重出物
mmDD
mmDd
牡丹出物
mmdd
観賞
廃棄
廃棄
株別に採種・テスト播き
出物・牡丹
出現
維持
牡丹
抜け
廃棄
出物
抜け
廃棄
全抜け
廃棄

「出物」と「親木」の仕訳

毎世代分離してくる苗をよく観察し、観賞用の出物（不稔）と採種用の親木（稔性あり）を選抜する作業を**仕訳**（しわけ）とよび、変化朝顔栽培では最も難しく重要なことだとされています。

左上の図に、獅子咲牡丹の仕訳の流れを示しました。通常の出物系統では、子葉の形の違う親木と出物が３：１の割合で分離しますので、まず**子葉の鑑別**をします。獅子をもつ系統では、本葉の抱えの強さで獅子をヘテロ接合にもつ株が区別できますので、本葉の抱えの強いものを残します。そして蕾の段階で**牡丹探り**を行い、不稔の牡丹を廃棄し、採種用の親木を保存します。逆に出物のなかで牡丹咲になるものを観賞用に栽培します。

そのほかの子葉の鑑別の際に着目したい形の例を、左下の図に紹介しました。

獅子咲牡丹系統の仕訳

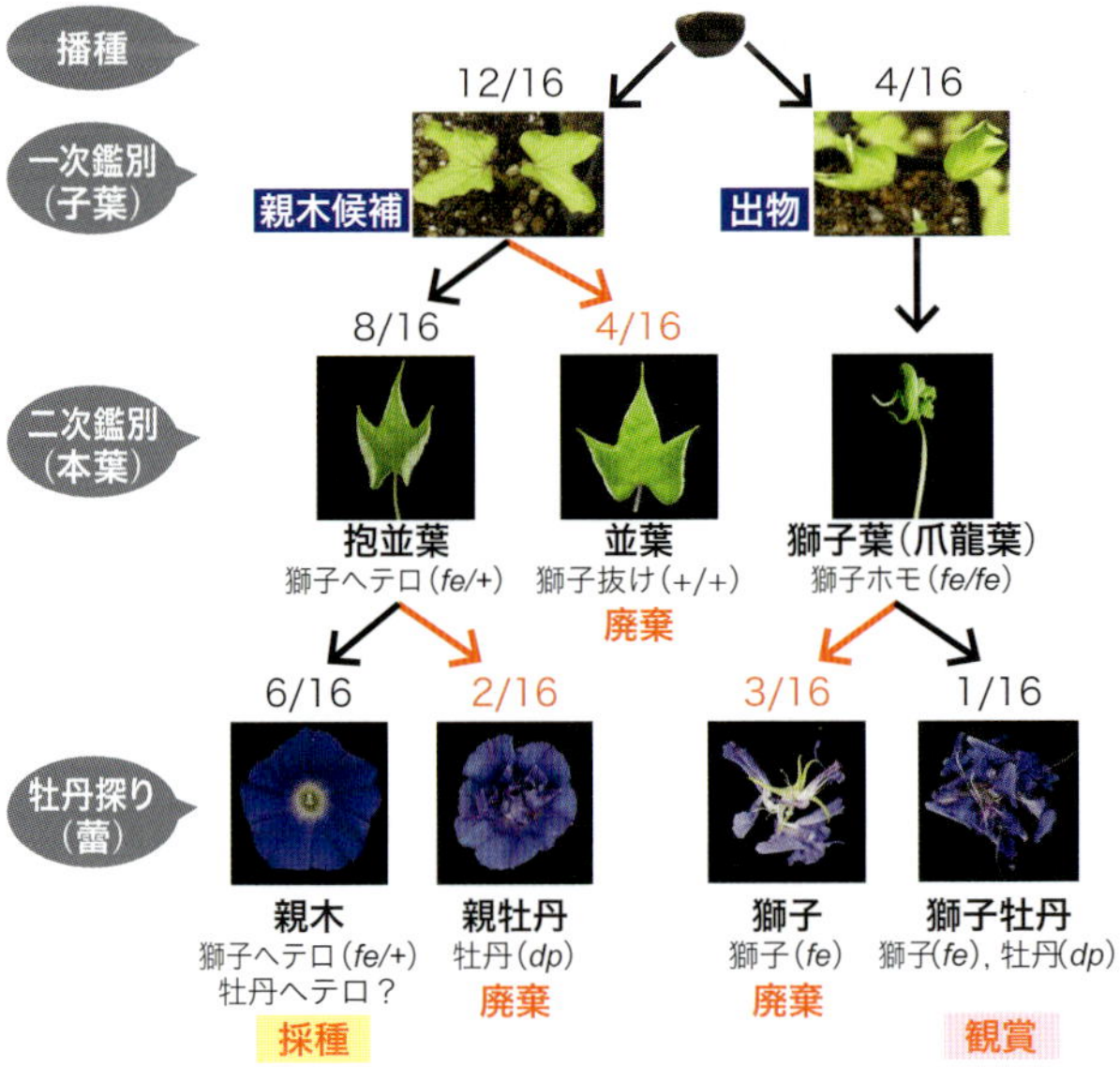

播種
一次鑑別（子葉）
二次鑑別（本葉）
牡丹探り（蕾）
12/16
4/16
親木候補
出物
8/16
4/16
抱並葉
獅子ヘテロ（fe/+）
並葉
獅子抜け（+/+）
廃棄
獅子葉（爪龍葉）
獅子ホモ（fe/fe）
6/16
2/16
3/16
1/16
親木
獅子ヘテロ（fe/+）
牡丹ヘテロ？
採種
親牡丹
牡丹（dp）
廃棄
獅子
獅子（fe）
廃棄
獅子牡丹
獅子(fe), 牡丹(dp)
観賞

一般的な出物系統の子葉の形

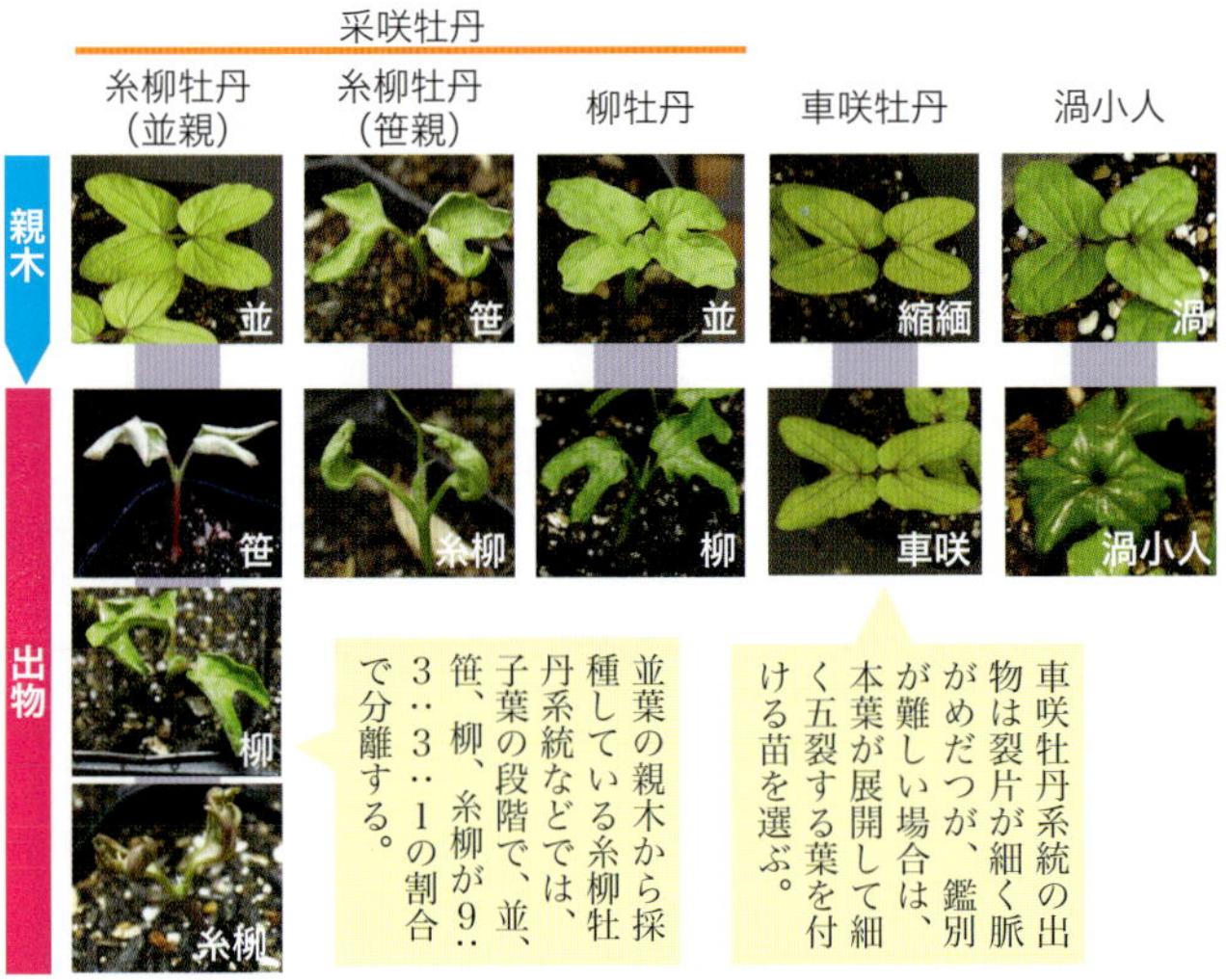

采咲牡丹
糸柳牡丹（並親）
糸柳牡丹（笹親）
柳牡丹
車咲牡丹
渦小人
親木
出物
並
笹
並
縮緬
渦
笹
糸柳
柳
車咲
渦小人
柳
糸柳
並葉の親木から採種している糸柳牡丹系統などでは、子葉の段階で、並、笹、柳、糸柳が9：3：3：1の割合で分離する。
車咲牡丹系統の出物は裂片が細く脈がめだつが、鑑別が難しい場合は、本葉が展開して細く五裂する葉を付ける苗を選ぶ。

★新しいアサガオをつくる

アサガオは一年草ですので世代交代が早く、違う系統の花と**交配**することで簡単に新しいアサガオをつくることができます。

花が咲く前日の午後（遅くとも夜九時まで）に、下の写真のように先の尖ったピンセットを使って雌にする側の蕾の横を切り開き、雄ずいの先端の葯をすべて取り除きます（**除雄**（じょゆう））。開花当日は、深夜の一二時から交配が可能です。遅くとも朝の八時までには、花粉親の花粉を、除雄した花の雌ずいの柱頭につけます。花に袋をかぶせなくても問題ありません。花柄には交配親を記入したラベルを付けておきます。

翌年、このF_1種子を育てると、交配がうまくいっていた場合、雌親と違うアサガオになります。このアサガオから採種し、翌年にF_2を栽培すると、親に使った二種類のアサガオのもっていた花や葉の色や形の組み合わせが変わったいろいろなアサガオが出てきます。このなかから目的のアサガオを選び、採種します。もし、目的のアサガオが出てこなかった場合でも、一番近いものを選んで翌年育てると今度は狙ったとおりのアサガオが出てくることがよくあります。

雄ずいや雌ずいが使えない「獅子」や「牡丹」では、交配に親木を使いますが、親木が「獅子」や「牡丹」をヘテロ接合でもつ確率も考えて、ホモ接合どうしの交配の三倍以上の数の花を交配させます。「柳」「吹詰」「渦小人」は不稔ですが、花粉は正常なことが多いので、花粉親にすることができます。出物系統を育成する場合は、親木の候補を複数残し株別に採種します。

除雄の様子

交配の手順

雌にする花の葯を取り除く → 花粉親の花粉を柱頭に付ける → 採種（F_1種子） → F_1株の育成（親と違うアサガオ） → 採種（F_2種子） → F_2株の育成（目的のアサガオ）

栽培に必要な資材

栽培用土　安価に市販されている草花や野菜用の土でも、ほとんどの場合問題なく育ちます。ただし、一度でもアサガオを栽培した土は、病気が出やすくなりますので使わないようにします。地植えにする場合でも直まきにせず、鉢で苗を育ててから移植するようにします。

植木鉢・プランター　種播き・育苗には小型の3号鉢（直径9㎝）、本植え（観賞・採種用）には大きめの5号鉢（15㎝）やプランター（幅65㎝）を使いますが、最初から大きめの鉢やプランターに植えても問題はありません。鉢の種類は、乾燥しにくい素材でできた、ビニールポット、プラスチック鉢や陶器の駄温鉢（堅焼き鉢）が適しています。

ラベル　系統名（品種名）を示すために必要で、プラスチック製の札が市販されています。

支柱　鉢植えの場合、市販のアサガオ用の行灯（あんどん）型支柱（支柱の長さ45㎝程度）が便利でしょう。1～2mのポール（ビニール被覆をした鉄棒や、しの竹）を使ってもよいですが、倒れないようにしっかりとロープなどで固定します。ネット（網）は株別に採種できないため使用しないでください。

肥料　肥料が含まれている培養土でも、「マグァンプK」（小粒または中粒）を培養土1リットルあたり5グラム程度あらかじめ混ぜておくと追肥の手間がかかりません。または、生育途中で、発酵油かす（玉肥）や化成肥料を置肥したりハイポネックス等の液体肥料をあげるとよいでしょう。

水やり　土の表面の乾き具合を観察し、通常は午前中にたっぷりと水やりし、午後～夕方にかけて、加湿にならないように加減して水やりします。植木鉢の種類、日当たりなどで水やりのしかたは違ってきますので、アサガオのしおれ具合を観察しながら加減してください。

栽培場　完全な日陰以外なら栽培できますが、長く直射日光の当たる場所が適します。また、街灯の下やベランダなどの夜も明るい場所だと、短日性植物のアサガオは花が咲かないことがあります。

病虫害　生育途中で葉が縮んで成長しなくなった場合、ホコリダニが芽の先端についています。園芸用の殺ダニ剤ですぐに回復します。雨のかからない場所で栽培しておくと葉にハダニの発生が見られますが、これも殺ダニ剤を散布します。エビガラスズメ（芋虫）、ヨトウムシなどが発生した場合は定期的に殺虫剤を散布します。アサガオ特有の白さび病には「リドミルMZ」がよく効きます。

★変化朝顔を見る・入手する

変化朝顔を展示している植物園や博物館が増えてきています。もし近くで展示されていたらぜひ出かけて実物に触れてみてください。また、愛好会や大学では種子の提供を行っています。興味をもった方は実際に栽培してみると楽しいと思います。詳しい情報は、ほとんどの施設・団体がホームページで公開しています。

▶変化朝顔を見る（展示会を行う植物園・博物館）

国立歴史民俗博物館・くらしの植物苑（千葉県佐倉市）	一九九九年より変化朝顔だけでなく江戸期等の文献資料も合わせて展示。筆者も毎年講演を行っている。
日比谷公園（東京都千代田区）	七月末には変化朝顔研究会と東京朝顔研究会（大輪朝顔）、八月下旬には、変化朝顔研究会が二回目の展示を行う。特に八月下旬の展示会では、レベルの高い変化朝顔を見ることができる。
日本科学未来館（東京都江東区）	変化朝顔のパネル展示や生きた変化朝顔の展示を見ることができる。
横浜市こども植物園（神奈川県横浜市）	変化朝顔研究会の協力のもと、変化朝顔の展示を行う。
京都府立植物園（京都府京都市）	京都朝顔半日会による大輪朝顔の展示のほか、変化朝顔も各種展示。
広島市植物公園（広島県広島市）	一九八二年から変化朝顔を展示している植物園。栽培に参加する市民も募集。

▶変化朝顔を入手する

単純な変化朝顔は種苗会社から市販されていますので、最初はそのあたりから栽培を始めてみてはいかがでしょう。より本格的に栽培したい方は愛好会や大学とコンタクトをとるか、展示会の際に尋ねてみるとよいでしょう。

タキイ種苗	桔梗咲（桔梗渦）、サンスマイル（木立）、紅ちどり（姫）
サカタのタネ	桔梗咲（桔梗渦）、サンスマイル（木立）、つばめ朝顔（姫）
変化朝顔研究会（http://www.geocities.jp/henka_asagao/）	四〇年におよぶ伝統のある変化朝顔専門の愛好会。入会者には種子の頒布や栽培指導も行う。日比谷公園の展示会では種子も販売。
九州大学（アサガオホームページ http://mg.biology.kyushu-u.ac.jp/）	筆者が運営するホームページ。アサガオ全般の情報を掲載。一般の愛好家にも変化朝顔を含めたアサガオ類の種子を有償で提供。なお、提供に際して大学と契約を取り交わす必要がある。

◀ 第二部で紹介した変化朝顔の変異名・系統番号・作出者一覧

「出割(でわり)」は発芽数に対する出物の割合

ジャンル	頁	葉色・模様の変異	形の変異	ヘテロで維持している変異	花色の変異	作出者	系統番号	出割
獅子咲牡丹	30		打込1 (*cm1*) 管弁1 (*tp1*) 蜻蛉葉 (*dg*)	獅子 (*fe*) 牡丹 (*dp*)	吹雪 (*a3-Bz*) 濃色性 (*i*)	坂田・髙橋	Q1402	1/16
	31		打込1 (*cm1*)	獅子 (*fe*) 牡丹 (*dp*)	筒白 (*tw*)	遺伝研	Q623	1/64
	32		打込1 (*cm1*) 管弁化1 (*tp1*) 蜻蛉葉 (*dg*)	獅子 (*fe*) 丸葉 (*Co*) 牡丹 (*dp*)	暗紅 (*mg*) 覆輪 (*a3-Mr*)	青山(青晃園)	Q441	1/16
	33		打込1 (*cm1*) 管弁化1 (*tp1*)	獅子 (*fe*) 丸葉 (*Co*) 牡丹 (*dp*)	筒白 (*tw*)	大森浩治	Q426.1	1/16
	34	黄葉 (*y*)	打込1 (*cm1*) 管弁化1 (*tp1*)	獅子 (*fe*) 牡丹 (*dp*)	暗紅 (*mg*) 紫 (*pr*) 刷毛目絞 (*dk-m*)	山中達生	Q466	1/16
	35	黄葉 (*y*) 斑入 (*v*)	打込1 (*cm1*) 管弁化1 (*tp1*)	獅子 (*fe*) 牡丹 (*dp*)	すすけ (*di*)	仁田坂英二	Q465	1/16
	36	黄葉 (*y*)	打込1 (*cm1*) 管弁化1 (*tp1*)	獅子 (*fe*) 牡丹 (*dp*)	暗紅 (*mg*) 紫 (*pr*) 吹掛絞 (*sp*)	太矢正紀	QX758	1/16
	37		林風 (*B*) 打込1 (*cm1*) 管弁化2 (*tp2*)	獅子 (*fe*) 牡丹 (*dp*)	c1 白 (*c1*)	大森浩治	Q402	1/16
	38	黄葉 (*y*)	打込1 (*cm1*) 管弁化2 (*tp2*) 蜻蛉葉 (*dg*)	獅子 (*fe*) 丸葉 (*Co*) 牡丹 (*dp*)	暗紅 (*mg*) 紫 (*pr*) 覆輪 (*a3-Mr*)	坂田岩郎	Q468	1/16
	39	黄葉 (*y*)	林風 (*B*) 打込1 (*cm1*) 管弁化2 (*tp2*)	獅子 (*fe*) 丸葉 (*Co*) 牡丹 (*dp*)	筒白 (*tw*)	仁田坂英二	Q477	1/16
	40		渦 (*ct*) 打込1 (*cm1*) 管弁化1 (*tp1*)	獅子 (*fe*)	紫 (*pr*)	仁田坂英二	Q680	1/4
	41	黄葉 (*y*)	打込1 (*cm1*) 管弁化1 (*tp1*) 立田 (*m-m1*)	獅子 (*fe*) 牡丹 (*dp*)	暗紅 (*mg*) 紫 (*pr*)	坂田・髙橋	QX599	1/16
	42	黄葉 (*y*)	打込1 (*cm1*) 管弁化1 (*tp1*)	獅子 (*fe*) 笹 (*dl*) 牡丹 (*dp*)	暗紅 (*mg*) 紫 (*pr*) 覆輪 (*a3-Mr*)	坂田・髙橋	QT85	1/64
	43	黄葉 (*y*)	打込1 (*cm1*) 管弁化2 (*tp2*) 蜻蛉葉 (*dg*)	獅子 (*fe*) 丸葉 (*Co*) 笹 (*dl*) 牡丹 (*dp*)	暗紅 (*mg*) 紫 (*pr*) 覆輪 (*a3-Mr*)	坂田岩郎	Q470	1/64
車咲牡丹	44	黄葉 (*y*)	打込 (*cm*) 縮緬 (*cp*)	立田 (*m-m1*) 牡丹 (*dp*)	柿 (*dy*) 筒白 (*tw*)	髙橋久太郎	Q1089	1/16
	45	斑入 (*v*)	打込 (*cm*) 縮緬 (*cp*)	立田 (*m-m1*) 牡丹 (*dp*)	紫 (*pr*)	仁田坂英二	Q1092	1/16
	46	黄葉 (*y*)	打込 (*cm*) 縮緬 (*cp*)	立田 (*m-m1*) 牡丹 (*dp*)	柿 (*dy*)	髙橋久太郎	Q1089	1/16
	47	黄葉 (*y*)	打込 (*cm*) 縮緬 (*cp*)	立田 (*m-m1*) 牡丹 (*dp*)	暗紅 (*mg*) 柿 (*dy*)	山中達生	QX519	1/16
	48		打込 (*cm*) 立田 (*m-m1*) 縮緬 (*cp*) 蜻蛉葉 (*dg*)	牡丹 (*dp*)	紫 (*pr*)	遺伝研	Q515	1/4
	49	黄葉 (*y*) 斑入 (*v*)	打込 (*cm*) 縮緬 (*cp*)	立田 (*m-m1*) 牡丹 (*dp*)	紫 (*pr*) 淡色1 (*lt1*) 吹掛絞 (*sp*)	山中達生	QX524	1/16
	50		縮緬 (*cp*)	立田 (*m-m1*) 牡丹 (*dp*)	暗紅 (*mg*) 淡色1 (*lt1*) 易変性偽柿 (*dk-m*)	山中達生	QX526	1/16
	51	黄葉 (*y*) 斑入 (*v*)	縮緬 (*cp*) 州浜 (*re*) 蜻蛉葉 (*dg*)	牡丹 (*dp*)	暗紅 (*mg*) 柿 (*dy*) 濃色性 (*i*) 易変性偽柿 (*dk-m*)	山中達生	QX526	1/4
	52	黄葉 (*y*)	鼻葉 (*sr*) 縮緬 (*cp*) 打込 (*cm*)	州浜 (*re*) 牡丹 (*dp*)	筒白 (*tw*)	仁田坂英二	QX407	1/16
	53	萌黄 (*vy*)	打込 (*cm*) 縮緬 (*cp*)	牡丹 (*dp*)	r1 白 (r1)	仁田坂英二	QX985	1/4
	54	黄葉 (*y*)	台咲 (*cp-r*)	牡丹 (*dp*) 蜻蛉葉 (*dg*)	暗紅 (*mg*) 紫 (*pr*) 覆輪 (*a3-Mr*)	仁田坂英二	Q1096	1/4
	55		笹 (*dl*) 打込 (*cm*)	牡丹 (*dp*)	柿 (*dy*) 濃色性 (*i*)	仁田坂英二	QX241	
采咲牡丹	56	黄葉 (*y*)	打込 (*cm*)	柳 (*m-w*) 笹 (*dl*) 牡丹 (*dp*)	暗紅 (*mg*) 紫 (*pr*)	坂田岩郎	Q655	1/64
	57	黄葉 (*y*)		柳 (*m-w*) 牡丹 (*dp*)	暗紅 (*mg*) 吹雪 (*a3-Bz*)	坂田・髙橋	Q1605	1/16
	58	黄葉 (*y*) 斑入 (*v*)	丸葉 (*Co*)	柳 (*m-w*) 牡丹 (*dp*)	紫 (*pr*) 吹掛絞 (*sp*)	髙橋久太郎	Q663	1/16
	59	黄葉 (*y*)	打込 (*cm*)	柳 (*m-w*) 牡丹 (*dp*)	暗紅 (*mg*) 紫 (*pr*)	坂田岩郎	Q655	1/16
	60	黄葉 (*y*)	弱渦 (*ct-w*) 打込 (*cm*) 丸葉 (*Co*)	柳 (*m-w*) 牡丹 (*dp*)	紫 (*pr*) 吹雪 (*a3-Mr*)	坂田岩郎	Q661	1/64
	61		渦 (*ct*) 蜻蛉葉 (*dg*)	柳 (*m-w*) 牡丹 (*dp*)	紫 (*pr*) 淡色1 (*lt1*)	遺伝研	Q628	1/16
	62			柳 (*m-w*) 乱菊 (*py*) 牡丹 (*dp*)	暗紅 (*mg*) 紫 (*pr*) 筒白 (*tw*)	仁田坂英二	QX1141	1/64
	63	黄葉 (*y*) 斑入 (*v*)		細柳 (*m-n*) 牡丹 (*dp*)	濃色性 (*i*) 覆輪 (*a3-Mr*)	仁田坂英二	Q670	1/16
	64	斑入 (*v*)	立田 (*m-m1*) 林風 (*B*)	笹 (*dl*)	暗紅 (*mg*) 紫 (*pr*)	仁田坂英二	Q1601	1/4
	65	斑入 (*v*)	笹 (*dl*)	柳 (*m-w*) 牡丹 (*dp*)	柿 (*dy*) 暗紅 (*mg*) 覆輪 (*a3-Mr*)	仁田坂	Q666	1/16
	66	黄葉 (*y*) 斑入 (*v*)	笹 (*dl*)	柳 (*m-w*) 牡丹 (*dp*)	暗紅 (*mg*) 覆輪 (*a3-Mr*)	仁田坂英二	Q667	1/16
	67		笹 (*dl*) 蜻蛉葉 (*dg*)	柳 (*m-w*) 牡丹 (*dp*)	紫 (*pr*) 淡色2 (*efp*)	遺伝研	Q630	1/16
	68	黄葉 (*y*)	打込 (*cm*)	柳 (*m-w*) 笹 (*dl*) 牡丹 (*dp*)	暗紅 (*mg*) 紫 (*pr*)	坂田岩郎	Q655	1/64
	69	斑入 (*v*)	笹 (*dl*) 打込 (*cm*)	柳 (*m-w*) 牡丹 (*dp*)	柿 (*dy*) 濃色性 (*i*)	仁田坂英二	Q668	1/16
	70	黄葉 (*y*)	弱渦 (*ct-w*) 打込 (*cm*) 丸葉 (*Co*)	柳 (*m-w*) 笹 (*dl*) 牡丹 (*dp*)	c1 白 (*c1*)	坂田岩郎	Q654	1/64
	71	黄葉 (*y*) 斑入 (*v*)	州浜 (*re*) 笹 (*dl*) 打込 (*cm*)	柳 (*m-w*) 牡丹 (*dp*)	暗紅 (*mg*) 紫 (*pr*) 覆輪 (*a3-Mr*)	仁田坂英二	Q893	1/16
	72		林風 (*B*) 笹 (*dl*)	柳 (*m-w*) 牡丹 (*dp*)	淡色2 (*efp*)	遺伝研	Q613	1/16
	73	黄葉 (*y*)	南天 (*ac*)	立田 (*m-m1*) 牡丹 (*dp*)	暗紅 (*mg*) 柿 (*dy*)	仁田坂英二	Q1604	1/16
	74	斑入 (*v*)	南天 (*ac*)	柳 (*m-w*) 牡丹 (*dp*)	ca 白 (*ca*)	塩田俊男	Q660	1/16
	75	斑入 (*v*)	南天 (*ac*) 弱渦 (*ct-w*)	柳 (*m-w*) 牡丹 (*dp*)	淡色1 (*lt1*)	仁田坂英二	Q1602	1/16
その他	76		芋葉 (*Gb*) 蜻蛉葉 (*dg*) 笹 (*dl*)	無弁花 (*cd-ps*) 牡丹 (*dp*)	暗紅 (*mg*) 紫 (*pr*) 覆輪 (*a3-Mr*)	仁田坂英二	Q607	1/16
	77		芋葉 (*Gb*) 蜻蛉葉 (*dg*) 笹 (*dl*)	無弁花 (*cd-ps*) 柳 (*m-w*) 牡丹 (*dp*)	暗紅 (*mg*) 紫 (*pr*) 覆輪 (*a3-Mr*)	仁田坂英二	Q607	1/64
	78		縮緬 (*cp*) 蜻蛉葉 (*dg*)	燕 (*mi*)	暗紅 (*mg*) 紫 (*pr*)	遺伝研	Q644	1/4
	79		渦 (*ct*)	桔梗渦 (*s*) 牡丹 (*dp*)	暗紅 (*mg*) 紫 (*pr*) 金属光沢 (*mt*)	仁田坂英二	Q859	1/16
	80	黄葉 (*y*)	木立 (*dw*) 枝垂 (*we*)	柳 (*m-w*)	暗紅 (*mg*) 紫 (*pr*) 淡色1 (*lt1*)	遺伝研	Q336	1/4
	81	斑入 (*v*)	枝垂 (*we*)	柳 (*m-w*) 牡丹 (*dp*)	暗紅 (*mg*) 紫 (*pr*) 覆輪 (*a3-Mr*)	仁田坂英二	Q675	1/16
	82		笹 (*dl*) 枝垂 (*we*)	柳 (*m-w*) 牡丹 (*dp*)	c1 白 (*c1*)	塩田俊男	QX921	1/16
	83	黄葉 (*y*)	帯化 (*f1 f2 f3*) 孔雀 (*p*)	立田 (*m-m1*) 南天 (*ac*)	柿 (*dy*) 淡色2 (*efp*)	仁田坂英二	QX597	1/16
	84	斑入 (*v*)	帯化 (*f1 f2 f3*) 孔雀 (*p*)	柳 (*m-w*) 牡丹 (*dp*)	筒白 (*tw*)	仁田坂英二	QX558	
	85	黄葉 (*y*) 斑入 (*v*)	帯化 (*f1 f2 f3*) 孔雀 (*p*)	柳 (*m-w*) 笹 (*dl*)	暗紅 (*mg*) 紫 (*pr*)	仁田坂英二	QX559	
	86		笹 (*dl*) 蜻蛉葉 (*dg*)	柳 (*m-w*) 牡丹 (*dp*) 吹詰 (*cv*)	紫 (*pr*) 淡色1 (*lt1*)	仁田坂英二	Q659	1/64
	87	斑入 (*v*)	姫 (*tn1 tn2*) 蜻蛉葉 (*dg*)	吹詰 (*cv*) 牡丹 (*dp*)	易変性 r3 白 (*r3-m*) 暗紅 (*mg*)	仁田坂英二	QX547	1/16
	88		渦 (*ct*) 打込 (*cm*)	柳 (*m-w*) 獅子 (*fe*) 牡丹 (*dp*)		仁田坂英二	Q680	1/64
	89	黄葉 (*y*)	打込 (*cm*) 管弁化1 (*tp1*)	獅子 (*fe*) 牡丹 (*dp*) 縮緬 (*cp*)		山中達生	Q466	1/64
	90	黄葉 (*y*) 斑入 (*v*)	打込 (*cm*) 管弁化2 (*tp2*)	獅子 (*fe*) 細柳 (*m-n*) 牡丹 (*dp*)	紫 (*pr*)	仁田坂英二	QX273	1/64

あとがきと謝辞

私が小学五、六年生の頃、児童向けの科学書（世界文化社の科学図鑑）に載っていた変化朝顔に出合ってからもう四〇年くらい経とうとしていますが、このときの驚きをまだ覚えています。それからすぐに種子を入手しようと文献を読みあさり、最初にたどり着いたのが、変化朝顔の復興に尽力し本も書いていた中村長次郎氏でした。種子が欲しいと切々と訴えたのですが、つたない怪しげな文面だったのでしょう、断られてしまいました。すぐに、小川信太郎氏と山高桂氏の両名の存在も知り、手紙を出してみたところ、小川氏からはたくさんの種子をいただくことができました。しかし、達筆すぎてどんな系統かわからないし、牡丹咲が入っているアサガオはありませんでした。山高氏からは一系統だけですが、37ページにある最高級の白の管弁獅子牡丹をいただきました。お世話になった方々はすでに故人となられてしまいましたが、彼らの種子は竹中要先生によって国立遺伝学研究所に集められ系統保存されていることを知り、いつか変化朝顔を使った研究に取り組みたいと思っていました。このことが遺伝学の研究の道に進むきっかけになり、大学に進学しました。

その後、大学で職を得ることができましたが、国立遺伝学研究所の田村仁一氏の退官に伴いアサガオの系統保存が休止したことを知りました。自分の研究のタネがなくなってしまうと焦りましたが、いろいろな方のご協力もあり、九州大学に移管することになりました。特に、私の研究計画を取り上げてくださった丸山工作先生や、アサガオの分子生物学的研究に先鞭をつけられた飯田滋先生にはたいへんお世話になりました。現在は、文部科学省のナショナルバイオリソースプロジェクト（NBRP）の対象生物に指定され、系統保存事業が続いています。元来、変化朝顔はその分離比が低いこともあり、花色に凝るということはなかったのですが、飯田先生のお弟子さんの星野敦先生や森田裕将先生に花色のしくみをいろいろと教えていただきました。山中達生氏は私と同じような生い立ちで変化朝顔と出合ったそうで、色も含めた高度な系統の育成に取り組んでおり、貴重な系統をいろいろといただきました。

変化朝顔は江戸時代から連綿と保存されてきましたが、近年では知る人もかなり増えてきました。契機としては、千葉県佐倉市にある国立歴史民俗博物館において展示が始まったことが大きかったのではないかと思います。当時植物苑も担当されていた辻誠一郎先生が一九九九年の四月に突然訪ねてこられ、その年にいきなり展示することになりました。歴博で知り合った岩淵令治先生と平野恵先生には、文献を翻刻していただくことで、筆者には知り得なかった江戸の栽培家の知恵に触れることができました。

これまでたくさんの方にアサガオの種子をいただき、現在の変化朝顔の発展につながっています。一人一人にきちんと謝辞を表せず申し訳ありませんが、以下に名前を挙げて深く感謝させていただきます（あいうえお順、敬称略）。石黒和昭、伊藤重和、井上尚子、笠原基知治、北井義秀、近藤功、坂田岩郎、佐々木勝徳、塩田俊男、清水圭一、髙橋久太郎、高橋宏、辻圭子、寺澤志郎、土橋雅、中村美杉、藤田雅也、米田芳秋。ほかにも多くの方々から、種子だけでなくいろいろな情報のご提供もいただき、ありがとうございました。

変化朝顔はどうしてあのような不思議な形をしているのだろう、という疑問はなかなか解決せず、大学で独立した後に自分で取り組むことになりました。その過程で、岩崎まゆみ、横山講平、平本哲也、黒木理恵、冨山大喜、中村麗、安武俊輔さんら、多くの学生たちの努力でかなりの部分を明らかにすることができました。また、研究補助員、特に、松藤尚美、吉永知子、岩熊志帆氏らに撮っていただいた画像の一部をこの本で使わせていただきました。

この本をつくるにあたり、化学同人の後藤南氏には本当にお世話になりました。私が送った原稿が見違えるような形になり出版されたのは、ひとえに後藤氏が内容を深く理解し、一般の方にわかりやすいようにかみ砕いてくださったからにほかなりません。この本が変化朝顔という、江戸時代の文化が生み出した珠玉のような植物を深く知るきっかけになれば幸いに思っています。

二〇一四年六月

仁田坂　英二

アサガオ用語集

アントシアニン　アサガオの花色を構成する主要な色素。花だけでなく、胚軸、つるなどでも発色することが多い。

行灯　アサガオの鉢植えで使う支柱。通常は三本の支柱に三つの金属や竹の輪を取り付ける。

易変性　色や形などが容易に変化する性質。時雨絞や雀斑（じゃくはん）などの模様が有名。これらは、原因となる遺伝子にトランスポゾンが挿入し、それが飛び出して野生型に戻って起こる。

腋芽　脇芽のこと。つるから葉柄が出る基部につく芽。

F_1（えふわん）　雑種第一代。二種類のアサガオを交配した次の世代。これを自家受粉した次の世代は「F_2」とよぶ。

親木　種子のできる、出物のきょうだい株。出物を維持するための種子を採る。遺伝学的にいうと劣性突然変異のヘテロ接合株。

抱え　葉が打込や獅子によって抱え込むように表側に巻き込むこと。南天をもつ系統のみ裏側に抱える。

肩　子葉や通常葉(本葉)の葉柄を人間の首に見立てた場合、肩に相当する部分。

芸　風鈴や雨龍葉のように花弁や葉が観賞価値の高い形に変化したもの。それぞれ、「花芸」「葉芸」という。

形質　アサガオがもつ遺伝子によって規定されている色や模様・形などの総称。

系統　園芸植物で用いられる「品種」とほぼ同じ意味だが、固定した変異をもつ系統を品種とよぶことが多いのに対して、固定していない変異を多く保有する変化朝顔では、系統とよぶことが多い。

固定　その系統のもつ変異がホモ接合になり、個体のばらつきがなくなること。

自家受粉　自分の花粉で受精すること。アサガオは深夜から早朝にかけ、雄しべが雌しべを擦って伸長することで自家受粉するしくみが備わっており、野生型は自然交雑する率が低い。

自然交雑　昆虫などにより他の株の花粉で受粉すること。江戸時代の品種は主に自然交雑した株を選抜してつくられた。

除雄　交配のために前日に雄しべを取り除く作業。遅くとも夜九時までに終える。

仕訳　子葉や蕾などで、親木と出物を鑑別する作業。出割や系統の由来等を含めて記録したノートを「仕訳帳」という。

短日処理　牡丹探りなどの目的で早く花をつけるために日照時間を制限する作業。たとえば、夕方に完全に暗黒にし、翌朝、通常栽培に戻す。細葉系統を除いた多くの系統はこの一回の処理で花芽を分化するが、念のため二〜三回行う。処理しすぎると株の寿命が短くなる。

詰まる　がっちりと育ち節間が短いこと。また、渦や桔梗渦に見られるように、植物が萎縮して濃緑色になること。

つる巻き　アサガオのつるを支柱に巻き付ける作業。渦や石化など、巻き付きが弱い系統では頻繁な手入れが必要。

摘芯　成長の調節のために芽を摘むこと。

テスト播き　親木の種子を事前に播いて、出物や牡丹が出てくるか確認する作業。出物系統の栽培効率を上げる。九月までに播くか、温室で栽培する。

出物　親木の種子から分離してくる不稔の観賞用株または系統。遺伝学的にいうと不稔の劣性突然変異のホモ接合株。

出割　発芽数に対する出物の割合。分離比。

度　牡丹咲の花の中心にある花弁やつぼみ。笹や石化では発達が悪い。これが伸び出し翌日咲くことを「度咲き」という。

トランスポゾン　アサガオにおいて、遺伝子に挿入しその機能を破壊することで変異を起こす転移可能な遺伝子。*Tpn1* ファミリーによるものがほとんど。

並葉　野生型がもつ、裂片が三つある葉。「三尖葉」「常葉」ともいう。

抜ける　親木の種子から出物や牡丹が出なくなること。「出物抜け株」「牡丹抜け株」などとよぶ。「逃げる」ともいう。

稔性　種子の稔る程度。稔性が高い・正常・低い・ない、という。変化朝顔の正木や大輪咲は稔性が低いものが多い。

胚軸　子葉の茎。子葉軸。

不稔　種子ができないこと。アサガオでは、雌しべや雄しべの発生不全による場合がほとんど。変化の程度が強まると先に雌しべがダメになることが多い。柳や吹詰は雌しべの稔性はない（雌性不稔）が、花粉は正常で交配に使える。

ヘテロ接合、ヘテロ　突然変異とそれに対応する正常な遺伝子（野生型対立遺伝子）を両方もつ状態。突然変異は通常劣性なので、見かけは正常（野生型）となり、これを「ヘテロ（接合）株」という。親木は出物のヘテロ株である。

変異　野生型遺伝子が変化を起こしたもの。「突然変異」と同じ意味。変異をもつ株を「変異体」とよぶ。野生型とヘテロ接合した際に隠れる変異を「劣性変異」、現れる変異を「優性変異」という。

牡丹、牡丹咲　雄しべに加え、雌しべまで蕚や花弁になった完全な八重咲き。中央に同じ構造の新しい蕾ができ、これをくり返す。高度な変化朝顔では牡丹変異をもち花弁が増えた株のみ観賞する。

牡丹探り　その株が牡丹咲か一重咲かを鑑別する作業。早くわかるほうが栽培上都合がよいので、小さい蕾の段階で行う。ただし糸柳葉や針葉では、葯が細く鑑別が難しいのである程度大きくなった蕾で行う。また、葯が潰れる際の音によって判別する「聴音法」というのもあるが、蕾を裂いて調べるのが確実。

ホモ接合、ホモ　突然変異か、それに対応する正常な遺伝子(野生型対立遺伝子)のどちらか一方しかもたない状態。獅子や柳などの突然変異がホモ接合の場合、見た目(表現型)に表れ、「出物」とよぶ。野生型のホモは「出物抜け」(牡丹咲がなくなった状態は「牡丹抜け」)という。

本植え　苗を牡丹探りなどしたあと、観賞用の鉢に植えること。本植え用の鉢を「本鉢」という。

正木　変化朝顔のうち、稔性のある系統。シンプルなものが多いが、分離しないため栽培は易しい。野生型でない親木は「正木親」とよぶことがある。

耳　子葉にある一対の裂片のこと。耳が細い、耳が平行になる、などという。

芽きり　種皮に傷をつけ吸水しやすくする作業。行わないと発芽が揃わない。

八重、八重咲　雄しべの先端にある葯が花弁になった変異。一般には開花当初は八重が強いがしだいに一重に近づくため、稔性はあることが多い。

葯　雄しべの先端にある花粉の入った袋状の器官。

野生型　アサガオの場合、青花、並葉を野生型とする。原種に近く、変異の優劣を判断する場合の基準となる。

曜　花弁の中央に通る維管束を含む筋状の部分。花弁の枚数と一致するため、花弁が増えた変異を「六曜」などとよぶ。

葉柄　つるから出た葉につく軸。

翼片　左右に突出した裂片。

裂片　アサガオの葉で切れ込んだ部分。中央のものは「中央裂片」、左右にあるものを「側方裂片」または「翼片」とよぶ。

連鎖　二つの遺伝子が同じ染色体に乗っていることで、特に距離が近いときに使う。連鎖する変異は、常に一緒に遺伝する。黄葉(*y*)と柿(*dy*)、孔雀(*p*)と帯化(*fl*)などの例が有名である。

矮性　木立や渦のようにつるの伸長が悪く小型になる変異の総称。木立ほど小型ではないが、やや成長が悪い系統を木立などと区別して矮性ということもある。

参考文献

岡不崩『朝顔図説と培養法』(一九〇九)
三宅驥一、今井好孝『原色朝顔図譜』三省堂(一九三四)
竹中要『原色朝顔図鑑』北隆館(一九五八)
中村長次郎『アサガオ　作り方咲かせ方』誠文堂新光社(一九六一)
小川信太郎、加藤楸邨『あさがお百科』平凡社(一九七五)
渡辺好孝『原色朝顔　つくり方と観賞』農業図書(一九七七)
ガーデンライフ編『アサガオ　つくりかたと楽しみ方』誠文堂新光社(一九七七)
米田芳秋、竹中要『原色朝顔検索図鑑』北隆館(一九八一)
小川信太郎『写真集　昭和の変化咲き朝顔』中日新聞社(一九八一)
渡辺好隆『変わり咲き朝顔』日本テレビ放送網(一九八四)
米田芳秋『アサガオ　江戸の贈りもの』裳華房(一九九五)
渡辺好孝『江戸の変わり咲き朝顔』平凡社(一九九六)
国立歴史民俗博物館企画展示図録『伝統の朝顔』(一九九九)、『伝統の朝顔II　芽生えから開花まで』(二〇〇〇)、『伝統の朝顔III　作り手の世界』(二〇〇〇)、『伝統の朝顔　植物図譜を読む　あさがお叢』(二〇〇八)
米田芳秋『色分け花図鑑　朝顔』学習研究社(二〇〇六)
仁田坂英二「古典園芸植物のドメスティケーション」『ドメスティケーション　その民族生物学的研究』国立民族博物館調査報告84(二〇〇八)
仁田坂英二(葛西奈津子編)「アサガオの形を決める遺伝子を探す」『植物まるかじり叢書4　進化し続ける植物たち』化学同人(二〇〇八)
仁田坂英二(鈴木正彦編)『花の形態形成　植物の分子育種学』講談社(二〇一一)
朝顔百科編集委員会編『朝顔百科　アサガオの栽培・仕立て方から園芸文化まで』誠文堂新光社(二〇一二)
仁田坂英二「トランスポゾンによって生じる植物の斑」*Biostory* 18, 7-15(二〇一二)

著 者　仁田坂 英二（にたさか えいじ）

1962年大分県日田市生まれ。九州大学理学部生物学科卒業、九州大学大学院医学系研究科分子生命科学博士課程修了（理学博士）。現在、九州大学大学院理学研究院生物科学部門・准教授、文部科学省ナショナルバイオリソースプロジェクト「アサガオ」代表。幼少の頃から動植物の飼育や栽培に親しむ。小学校高学年のときに出合った変化朝顔をライフワークとしており、アサガオの系統保存、形態形成遺伝子、トランスポゾンの研究を行っている。

装 幀　上野かおる（鷺草デザイン事務所）

本書のご感想を
お寄せください

変化朝顔図鑑

アサガオとは思えない珍花奇葉の世界

2014年7月10日　第1刷　発行
2025年6月20日　第6刷　発行

著　者　仁田坂　英二
発行者　曽　根　良　介
発行所　（株）化学同人

〒600-8074 京都市下京区仏光寺通柳馬場西入ル
編　集　部 TEL 075-352-3711 FAX 075-352-0371
企画販売部 TEL 075-352-3373 FAX 075-351-8301
振　替　01010-7-5702
e-mail　webmaster@kagakudojin.co.jp
URL　https://www.kagakudojin.co.jp

印刷・製本　（株）シナノパブリッシングプレス

検印廃止

ISBN978-4-7598-1573-3